MOEWIG
EROTIK

D1675172

Loka Enmark

Ich will jetzt

MOEWIG

Titel der Originalausgabe: Jag vil ha honom nu
Aus dem Schwedischen von Annika Sudermalm
Copyright © by Curth Hson, Stockholm
Umschlagfoto: Ernst Grasser
Umschlagentwurf und -gestaltung: Franz Wöllzenmüller, München
Verkaufspreis inkl. gesetzl. Mehrwertsteuer
Auslieferung in Österreich:
Pressegroßvertrieb Salzburg, Niederalm 300, A-5081 Anif
Printed in Germany 1980
Druck und Bindung: Mohndruck Graphische Betriebe GmbH, Gütersloh
ISBN 3-8118-4605-1

1

Wir waren viel zu früh gekommen. Die Vorstellung sollte erst in zwei Stunden anfangen.

Ich rührte geistesabwesend in dem Rest meines Getränks herum und versuchte, noch geistesabwesender, mich daran zu erinnern, wie er im Bett war. Am deutlichsten erinnerte ich mich seiner, wie er am Morgen danach mit der Hand zwischen den Hosenbeinen dasaß und sagte, daß sein „kleiner Freund" zu mir zurück wolle und daß er vielleicht mein dritter Ehemann werden würde. Es war ja witzig, daß es mit dem Wachstum zwischen seinen Beinen gutging, aber für das Gequassel von wegen Ehemann bekam er einen listigen Blick. Das war auch das einzige, das er von mir seit vier Monaten bekommen hatte.

Na ja, konstatierte ich mit einem abschätzenden Blick, er sah recht passabel aus, wirklich, recht passabel. Gut gekleidet, grauer Anzug zu dem dunklen, länglichen Gesicht, eng beieinanderstehende schmale Augen und breiter Mund: Kurz gesagt, er glich einem Pavian. Obwohl er groß und schlank war, machte er einen mehr schwergewichtigen als leichtgewichtigen Eindruck.

Wir hatten noch nicht lange an unserem Tisch gesessen, als ein noch größerer Neger in das Lokal hineinstolperte. Mit langen, schleppenden Schritten ging er auf Don zu. „Hallo, hast du Michael gesehen?" fragte er, ohne mich zu begrüßen. Er war erschreckend schlecht gekleidet: dunkelblaue Jacke, braune Hosen, Nylonhemd und billiger Schlips.

Im Vergleich zu dem gepflegten Don machte er, noch dazu mit seinen ruckartigen, fahrigen Bewegungen, einen besonders schäbigen Eindruck. Der ganze Kerl war aus dem Gleichschritt, um das Wort ‚linkisch‘ zu vermeiden. Diese Figur schien, wie ein Hampelmann, aus großen Stücken zusammengesetzt zu sein. Sogar sein Gesicht mit der hohen, fliehenden Stirn, den mandelförmigen Augen und den gut markierten Lippen wirkte nur anziehend, solange er es nicht zu allen möglichen Grimassen verzog. Das hier scheint die dunkle Jahreszeit zu sein, dachte ich.

„Ich weiß nicht mal, wer Michael ist", bedauerte Don bedächtig. „Ist das der mit dem Auto?"

„Nein, der mit dem Auto bin ich." Mit rastlosem Blick schaute er sich um und fragte dann beiläufig: „Darf ich hier einen kippen?"

Es war durchaus nicht schwer sich vorzustellen, wie er mit Federschmuck auf dem Kopf und einem Speer in der Hand aussehen würde. Er erweckte in mir den Eindruck, als könnte er jeden Moment mit einem Kriegstanz anfangen.

„Die Sache ist die, daß ich eingeladen bin." Ob es nun Dons zunehmende Bedächtigkeit war, die mir die Lust dazu gab, ihn zu reizen, oder ob mich all das Abstoßende an dem eben hinzugekommenen Knaben anzog, weiß ich nicht.

„Setz dich", sagte ich jedenfalls.

Er musterte mich kurz und setzte sich.

„Hallo", sagte ich und schaute ihn amüsiert und unentwegt an.

„Hallo", antwortete er und machte eine schlenkernde Kopfbewegung.

Als sei ich ein Magnet und er ein Nagel, zog es ihn zu mir hin, als ich ihn unveränderten Blickes anschaute und mit ruhiger, lockender Stimme fragte: „Wie heißt du?"

„Akin."

Gleich darauf begann er in seiner fahrigen Art den Inhalt eines Schwedenfilms, den er gesehen hatte, in nicht gerade gewähltem und zeitweise sogar vulgärem Vokabular wiederzugeben.

Mit sichtlichem Wohlbehagen demonstrierte er alle die Stellungen, die er dort gesehen hatte, und das so eindeutig, daß wir zwei Schönen, Don und ich, uns so langsam umzuschauen begannen, ob die Bedienung auf uns aufmerksam werden würde. Fühlte doch sogar ich, daß meine Ohren rot wurden, während ich ihm zuhörte. War dieser Kerl verrückt oder sexuell ausgehungert?

Also, wenn er sexuell ausgehungert war, dann konnte ich verstehen, daß er sich so ohne weiteres zu fremden Menschen an den Tisch setzte. Erst nach einer Weile begriff ich, daß er doch nicht so schweinisch war, wie ich geglaubt hatte. Er glich eher einem schwatzhaften Kind.

„War es denn so aufregend?" fragte ich so gelangweilt und arrogant wie möglich.

Einen Augenblick lang sah er verärgert aus. „Nicht in meinem Alter, ich bin kein kleiner Junge mehr, ich bin fünfundzwanzig", sagte er abweisend. Ich fragte mich, ob er, trotz seiner lärmenden Prahlerei, vielleicht nicht doch etwas schüchtern war. Verwundert betrachtete ich die Veränderungen in seinem Gesicht. Man bekam Lust, die einzelnen Teile dieser Fratze wie ein auf den Teppich gefallenes Mosaikspiel zu betrachten, das darauf wartet, aufgehoben und zu seiner ursprünglichen Schönheit zusammengesetzt zu werden. Mit der Stimme war auch etwas nicht in Ordnung. Mal war sie sammetweich und tief, gleich darauf laut und schrill.

„Ich geh' jetzt Roulett spielen", murrte er unwirsch und haute auch sofort ab. Ich verfolgte ihn mit meinem Blick. Seine Arme bewegte er wie ein Straußenvogel.

„Der spricht von Frauen, als wäre er noch nie mit einer im Bett gewesen." Don sagte das etwas abweisend.

„Schlecht angezogen ist er auch. Woher kennst du ihn denn?"

„Den kenn' ich überhaupt nicht, den hab' ich nur mal getroffen. Soviel ich weiß, kommt der irgendwo aus dem Kongo".

„Ich glaub' nicht ein einziges Wort von dem, was er gesagt hat." Ich zweifelte wirklich daran, daß er ein Auto hatte oder Akin hieß. Er machte auf mich einen so kindischen Eindruck, daß der Gedanke, ‚der spinnt', sich mir geradezu aufdrängte. Da stand ich doch lieber auf Don, dieser gepflegten, verläßlichen Person.

Vielleicht ist er besoffen, dachte ich und versuchte die ganze Sache auf die leichte Schulter zu nehmen.

Wenn man besoffen ist, kann ma ja recht blöde werden. Aber wenn er beim Roulett gewinnt, dann wird er uns auch zur Entschädigung freihalten. Da wette ich drauf. Ich dachte das alles, um nicht vor mir selbst erkennen zu müssen, daß Akin die Neugier des in mir schlafenden Monstrums erweckt hatte. Irgend jemand, ich weiß nicht mehr wer, hat gesagt: „Ein Monstrum ist neugierig, gib einem Monstrum Anlaß zur Neugier, und es wird immerdar dich neugierig umlauern."

Ich wartete auf seine Rückkehr mit einer Ungeduld, die mich schon von vornherein ärgerlich sein ließ. Mir wurde ganz heiß bei dem Gedanken, daß er mich hier sang- und klanglos im Stich gelassen hatte, mit unbezahlter Rechnung. Das tat weh.

Innerlich jubelnd, sah ich ihn zurückkommen. Eine ganze Pappschachtel voller Spielmarken brachte er an den Tisch.

Aus seinem Einsatz von zwei Kronen waren einhundertvierzig Kronen geworden. Wir gratulierten ihm herzlich und laut. Doppelte Whiskys bestellte er, die wir uns hinter die Binde gossen. Dann schleppte er uns mit sich zum Roulett-Tisch.

Jetzt lachte das Leben plötzlich wieder. Die zwei Dinge, die selbst beim Spiel um Pfennige Zeichen der Spannung sind, waren auch hier zu beobachten: Fleiß und Schweiß. Akin stand ganz nahe bei mir, und sobald er sich etwas fortbewegte, suchte ich wieder Tuchfühlung mit ihm. Der saure Geruch seiner schwarzen Haare erregte und erfüllte mich gleichzeitig mit Ekel.

Wie magnetisiert folgten die Blicke aller der um den Tisch Herumstehenden der kleinen Roulett-Kugel.

Er gewann, gab mir die Hälfte davon, ich gewann und schob die Hälfte davon hinüber, dorthin, wo seine braunen Finger danach griffen; ich verlor, und er drückte mir eine Spielmarke in die Hand. Die Spannung zwischen uns wuchs und machte mich beinahe verrückt. Dann und wann sah ich Don, aber irgendwie schien er mir weit entfernt zu sein. Außerdem wünschte ich ihn dahin, wo der Pfeffer wächst. Ich war ganz mit Akin beschäftigt. In meinen Augen hatte sich Akin in dieser kurzen Zeit vom Idioten zum Salonlöwen gewandelt, zum Manne, den ich mit den lüsternen Augen des Urwaldweibes zu betrachten begann.

„Mußt du mit Don nach Hause gehen?" fragte er.

Ich seufzte, wir nur ein Weib seufzen kann, lehnte mich an ihn, fühlte seine langen, schlanken Lenden und schüttelte verneinend den Kopf.

„Ich werde zu Don sagen, daß ich mit dir gehe." Nochmals schmiegte ich mich an ihn und konnte dabei nicht einmal mehr einen lauten und beinahe animalischen Seufzer unterdrücken. Es kam mir keineswegs in den Sinn, daß Don beleidigt sein könnte, weil ich Akin zu mir nach Hause nehmen wollte.

Er war aber beleidigt. Als wir auf die Straße hinauskamen und zu Akins Auto gingen, er hatte also doch ein Auto, wollte Don sich nicht nach Hause fahren lassen.

„Ruf mich an", rief Akin ihm nach und nannte seine Telefonnummer.

„Bis bald", antwortete Don, „in drei Monaten oder was weiß ich."

Ich wollte mit Akin nach Hause. So schnell wie

möglich. Mit hungrigen Augen, wie ein Kannibale, musterte ich ihn von der Seite. Dieses gutgewachsene Mannsbild, in all seiner verrückten, liederlichen, wortarmen Majestät, würde ich also in Kürze zwischen meinen gespreizten Beinen empfangen. Primitivität zu diskutieren hat mich nie interessiert. Das kann ich auch gar nicht. Aber erleben, das möchte ich. Ich will was erleben. Akin war ein Erlebnis, wie sich in dieser Nacht herausstellte.

Hau' ich nicht ein bißchen zu sehr auf die Pauke? fragte ich mich etwas gedankenvoll am nächsten Morgen, als Akin gegangen war. Vor drei Tagen hatte ich einen gehabt, vorgestern meinen kleinen süßen Herbert und gestern diesen hier. Woher kam es aber auch, daß mich alles erregte? Neugier, Schreck, Haß, Schönheit und vor allen Dingen Widerspenstigkeit, das alles erregte mich. Sich mir in den Weg stellen zu wollen, wenn ich etwas begehrte, war in etwa ebenso begabt, als wenn einer einem Eisbären das Ohr langziehen wollte.

Weshalb war ich so geworden? Man sagt: Die Schlimmsten sind Intellektuelle, die aus irgendeinem Grund abwegig geworden sind. Sie sind auch die Grimmigsten und versuchen, die gesamte Menschheit für ein wirkliches oder eingebildetes Unrecht, an ihnen begangen, verantwortlich zu machen.

Welchen Ungerechtigkeiten war ich zum Opfer gefallen? Ich war gerade dabei, in meinen Erinnerungen zu graben, um die Antwort darauf zu finden, als das Telefon läutete. Warum konnte ich es nicht lassen, in meinen erotischen Erlebnissen herumzuwühlen?

2

Das Geplapper meiner Freundin half mir über diesen kurzen Anfall trüber Selbstbespiegelung hinweg. Sie beklagte sich bei mir darüber, daß ihre kleine Tochter, anstatt zu spielen, immer nur im Bett liegen wolle. Besser gesagt, im Bette liegen und spielen wolle. Mit sich selbst. Alles, was sie in die Finger bekommt, schiebt sie sich zwischen die Beine. Die Tochter meiner Freundin ist vom selben Schrot und Korn wie meine Schwester. Ungewöhnlich brav und ruhig und nach außen hin gehorsam. Sie betrachten ihre Umwelt mit großen, unschuldigen Augen, sind oft anschmiegsamer als andere Kinder und haben es doch faustdick hinter den Ohren. Unberechenbare Kinder.

Ja, das war es. So war meine Schwester auch gewesen, und die hat mich diesem Leben in die Arme getrieben.

Als sie geboren wurde, war ich zwei Jahre alt. Da ich schon laufen konnte, vertrieb ich mir die Zeit damit, Kochtöpfe, Tischtücher und Porzellan zwecks besserer Betrachtungsmöglichkeit, mir ‚bodennäher‘ zu machen. Dazwischen fiel ich auch manchmal hin, so daß meine kantigen Kniescheiben und Ellbogen mehr oder weniger dauernd grün und blau geschlagen waren.

Ich war mir durchaus im klaren darüber, daß meine

Eltern die Ankunft Marits, meiner Schwester, als eine Art Belohnung dafür empfanden, daß sie es mit mir aushielten. Marit machte schon gleich nach ihrer Geburt den Eindruck einer zufrieden in der Sonne sich rekelnden und schnurrenden kleinen Katze. Kaum hatte sie ihre Augen geöffnet, verliebte sie sich in einen Tuchfetzen. Klappern und derartige Kleinkindertröster empfand sie anscheinend als beunruhigend. Nur dann, wenn sie ihren Tuchfetzen bei sich hatte, lag sie ruhig und war verzückt. Sie liebkoste ihren ersten Tuchfetzen-Liebhaber, atmete dessen Geruch ein und fühlte seine Weichheit. Irgend etwas war faul an ihr. Meine haßerfüllten Blicke hätten sie getötet, wenn Blicke töten könnten. „Die macht uns keine Sorgen", frohlockten meine Eltern, Marit wurde von ihnen gehätschelt und gerühmt, so daß ich aus reinem Ärger mir immer blaue Flecken zuzog und meine Kleider immer tollerem Verschleiß zum Opfer fielen. Nur einmal fanden sie für mich einige Worte der Anerkennung. Ich fiel nämlich hin, tat mir weh, weinte jedoch diesmal nicht. Aus Berechnung weinte ich nicht. Warte ab, dachte ich, laß die erst mal selbst auf ihren kurzen, dicken Beinen stehen, dann sollt ihr hören, welch ein Heuler sie ist. Komischerweise fiel es Marit ebenso leicht, für nichts und wieder nichts zu weinen, wie dieses ekelhafte, gefällige und genießerische Lächeln zu produzieren.

Aber nein. Sie kroch und stampfte herum, wo sie wollte und wie sie wollte, wohin man sie auch, wie eine dicke, gutgenährte Raupe auf ein grünes Blatt, gesetzt hatte. Gab man ihr nur eine Blume, dann saß sie still.

Butterfarbene, gelbe Blumen mit vielen Blättern mochte sie am liebsten. Alle waren entzückt, wenn sie ein Blatt nach dem anderen abriß. Erwachsene sind so unglaublich beschränkt.

Ein kleiner Genießer war sie, ein Schwelger. Nachdem ich etwas älter geworden war und Oliver Twist sowie dessen Freund Fagin im Geld graben sah, mußte ich an Marit und den Haufen gelber Blätter zu ihren Füßen denken. Noch, das glaubte ich zu erkennen, hatte sich ihre Sucht nach Genuß nicht in Gier verwandelt. Aber so etwas ist ja schließlich nur eine Frage der Zeit.

Nicht besser wurde es, als sie zu sprechen anfing. Alle fanden es so süß, wenn sie mit vor Habgier glänzenden Augen sagte: „Blumen, Essen, Augen." Wenn man als erwachsener Mensch einem solchen Blick begegnet, konstatiert man kurz und richtig: „Anfall von Geilheit." „Blumen, Essen, Augen", da haben wir sie, die Hauptbestandteile im Leben unseres kleinen Genießers.

Ich beobachtete sie abends, wenn sie in ihren eigenartigen, seligen Traumzustand versunken war. Es schien mir, als ob ihr Pyjama sie liebkoste, ihre Bettlaken sie liebkosend umfangen hielten und ihre Hände ihr nur deshalb gewachsen waren, um ihren Körper mit ihnen streicheln zu können. Sie schien fest entschlossen, genießend durchs Leben zu gehen. Sie nahm nur das an, was sie selbst haben wollte, und dann, wenn sie es bekommen hatte, schien sie sich von der Umwelt isolieren zu können wie ein Pilot, der zum ersten Alleinflug aufgestiegen ist.

Wie gesagt, ich beobachtete sie, so wie ich übrigens alles um mich herum beobachtete. Sie aber, sie beobachtete nichts. Sie hatte grüne Augen, die betrügerisch unschuldsvoll die Umgebung musterten wie ein gesättigtes Raubtier.

„Wartet nur", murmelte ich für mich selbst, wenn der Chor der begeisterten Ahnungslosen um sie herum in laute „Ahs" und „Ohs" ausbrach.

Mit stillen Verwünschungen wie: „Verdammte Kuhaugen", bedachte ich sie während meiner Jagd nach weiteren Beweisen gegen meine Schwester.

Je mehr ich mich diesen Gefühlen hingab, desto mehr schien sie mich ermuntern zu wollen. Ihr Verhalten mir gegenüber war das eines Gesunden einem Kranken gegenüber. Du kannst mich mal, dachte ich schadenfroh. Das tat sie dann leider auch. Sie ließ mich links liegen und beschäftigte sich mit sich selbst. Stundenlang konnte sie sitzen und Figuren in den Sand zeichnen. Nur zwanzig Meter Sand trennten unsere Hecke vom Meer. Sie konnte auch sitzen und still den Wellen zuschauen, die, wie es mir schien, ihr angenehme Unanständigkeiten ins Ohr raunten, ihren Körper beleckten, sie mit gewaltiger Kraft vergewaltigten wie ein Urwaldtier, wie ein reißender Löwe.

Sie verursachte in mir ein Gefühl, als wenn sie mich verachtete. Mutter merkte auch, daß sie ihr entglitt. Keifend versuchte sie, Marit in die Rolle des puppenhaft anmutenden Kleinkindes zurückzuzwingen. Der Erfolg war gleich Null.

Als ich sechs Jahre alt geworden war, bekamen wir unser eigenes Zimmer im ersten Stock. Jetzt ist die Zeit gekommen, ihr mal einen Denkzettel zu verpassen, dachte ich schadenfroh. Dabei hatte ich ganz vergessen, welche Angst ich vor der Dunkelheit hatte und daß ich zu heulen anfing, wenn zur Nacht das Licht gelöscht wurde. Bei ihr spielte es überhaupt keine Rolle, ob es hell oder dunkel war. Es war, als ob die Göttin der Zufriedenheit über sie wachte. Die Folge davon war, daß sie zufrieden erwachte, während ich es haßte, geweckt zu werden. Noch mehr haßte ich es, im selben Zimmer wie Marit zu erwachen, die aussah wie ein gesättigter Leopard, der, wieder hungrig geworden, aufwacht und in seinem Käfig ein erschrecktes Kaninchen erblickt.

Später änderte sich allerdings unser Verhältnis, und wir kamen ganz gut miteinander aus.

3

So, wie es zur Zeit um mich stand, hätte ich meiner Umwelt mit allem Recht zurufen können: „Kommt und sucht nach mir, findet mich, damit ich mich selbst finden kann." Ich war völlig aufgelöst. Die erste große Empfindungskrise meines Lebens machte mich verlegen und zwang mich in das Elend der Unentschlossenheit, wenn Marit nicht bei mir war. Sobald sie kam, war dies alles wieder wie weggeblasen. Ihr schien nie der Gedanke zu kommen, daß sie sich wirklichen Gefahren aussetzte. Wenn irgend jemand sie interessierte, dann mußte dieser Jemand ihr auch gehören, ohne Rücksicht auf Verluste. Sie war bereits eine durchtriebene Diebin und Lügnerin. Die altklugen Voraussagungen meiner frühen Kindheit, daß unsere Eltern mit ihr eines Tages ihr blaues Wunder erleben würden, waren aufs Haar genau eingetroffen. Das gab mir zwar eine gewisse Genugtuung – mehr aber auch nicht.

Mit unerschütterlichem Selbstvertrauen und in erstaunlichem Eiltempo setzte sie ihren Feldzug fort. Hat man sich einmal an Risiken gewöhnt, dann hat man die Angst vor ihnen bald verloren. Getrieben von ihren erotischen Zwangsvorstellungen, überrollte sie alles, was ihr in die Quere kam. Durch mich landete sie dann schließlich in demselben Kreis zwielichtiger Kerle, in dem ich mich bewegte. Allerdings schlug sie mich auch hier mit etlichen Nasenlängen, und das machte mich sauer.

Ihr Leben gestaltete sich in der Folgezeit noch dramatischer als vorher, und ihre Vitalität verleitete sie dazu, sich in Abenteuer zu stürzen, die alle mit einem Knall endeten. Inmitten all dieser Verrücktheit bewahrte sie sich dennoch ein gewisses Maß an kühl abwägender Vernunft, so daß es niemandem gelang, sie auf ihrem eigenen Spezialgebiet zu schlagen. Die Methoden, derer man sich bedienen mußte, um in dieses Spezialgebiet eindringen zu können, waren ziemlich hart. Das konnte man schon sagen.

Sie ging aufs Letzte, und je schlimmer es wurde, desto toller trieb sie es. „Pech in der Liebe macht die Leute unglücklich", pflegte sie mit verschmitztem Blick zu sagen, „und ich will keineswegs unglücklich sein." Sie unternahm also jeweils die notwendigen Schritte, um diesem vorzubeugen. Diesmal bestanden sie darin, daß sie ja zum „Stier" sagte, als dieser sie unerwartet anrief. Den mexikanischen Stier kannten wir nur vom Hörensagen. Marit hatte einen mexikanischen Indio kennengelernt, und der hatte wie folgt Reklame gemacht: „Ich bin, wie du weißt, gut; aber mein Freund, das ist 'ne tolle Nummer. Der ist so gut wie ein Stier."

So war er zu seinem Namen gekommen, und Marit gab ihm nun ihre Adresse. Der Indio, dachte sie, ist nicht von Pappe, und wenn der Stier genauso ist und so gut aussieht . . .

Als sie ihn dann traf, stellte es sich heraus, daß der

Mexikaner alles andere als eine Schönheit war. Zwar war er von ebenso kleiner Statur und genauso schwarzhaarig wie der Indio, aber damit hörte die Ähnlichkeit auch auf. Der Indio hatte blauschwarzes glattes Haar und ein Adlerprofil gehabt. Dieser hier hatte einen Lockenkopf, mild blickende Mandelaugen und eine lange spanische Nase. Der Abstand zwischen der Nasenspitze und der Oberlippe war zu kurz, die Zähne zu klein, und sein Mund saß ihm irgendwie schief im Gesicht. Sie musterte seine übrige Erscheinung. Von Körper keine Spur. Seine Männlichkeit muß anderweitig verborgen sein.

Die Stimmung war dementsprechend recht flau und wurde auch nicht besser, als er ihr, mit einer Geste, die Besitzerstolz und selbstgefällige Eitelkeit zum Ausdruck brachte, eine Hand auf die Schulter legte. Seine Stimme, obwohl nicht direkt unangenehm, hatte doch einen störenden, selbstgefälligen Unterton.

„Es ist vielleicht besser, wenn wir zu dir nach Haus fahren", schlug sie vor.

„Also, auf geht's", sagte er und versuchte, die abgeschüttelte Hand wieder auf ihre Schulter zu legen. Du armer Irrer, dachte sie, wenn ich mit dir fertig bin, findest du dich gar nicht mehr wieder. Sie wurde langsam wütend. Er behandelte sie, als sei es ganz selbstverständlich, daß sie sich seinen Wünschen fügte. Dem wollte sie es zeigen.

Er bestand darauf, ein mexikanisches Gericht zu kochen. Wie du willst, dachte sie und schenkte sich ein Glas Wein ein. Vielleicht ist es gut, man besäuft sich so schnell wie möglich, sinnierte sie weiter und zwang auch ihn, zu trinken. Aus purer Gemeinheit zwang sie ihn dazu, den Wein genauso schnell wie sie zu kippen.

Sie blätterte in einer Zeitung, während er mit der Kocherei beschäftigt war. „Ach, wie ärgerlich", klagte er, „ich hab' fast gar keinen Curry im Hause." Sie hätte ihm eine herunterhauen können. Nicht mal das Essen würde also genießbar sein. Mit dem Gleichmut jedoch, der den an Kummer gewöhnten Menschen eigen ist, überwand sie auch dieses störende Moment und schenkte sich erneut ein Glas Wein ein. Halb amüsiert, halb angeekelt beobachtete sie, wie er mit kleinen trippelnden Schritten umherlief. Er bekam Schlagseite. Während des Essens prostete sie ihm immer und immer wieder zu, ging selbst hinüber zu der Anrichte, aus der er die erste Flasche genommen hatte, und holte noch eine.

„Möchtest du jetzt ein Bad nehmen?" fragte er und trippelte, ohne ihre Antwort abzuwarten, ins Badezimmer. Na gut, dachte sie und trank noch ein Glas Wein auf einen Zug leer. Gewiß, es wäre besser gewesen, noch etwas zu warten. Aber wenn der wirklich so phantastisch war, wie es ihm nachgesagt wurde, dann sollte er es zeigen. Bis zum Umfallen. Allem Abscheu, den sie ihm gegenüber empfand, zum Trotz. Sie war immer auf der Jagd nach dem Genuß, und genießen wollte sie in jeder Situation. Auch jetzt. Sie war ein bißchen baff, als er plötzlich splitternackt aus dem Badezimmer kam.

„Stehend", kommandierte sie, als sie in die Badewanne geklettert war. Im Spiegel sah sie nur ihre beiden Körper, nicht die Köpfe. Da sie seinen häßlichen

Kopf verabscheute, erschien ihr die Situation nun erträglicher. Als sie sich jedoch zusammen in die Wanne legten und sie wieder sein Gesicht sehen mußte, überkam sie erneut Abscheu vor ihm. Wütend setzte sie sich rittlings auf ihn. Sie liebte ihn mit solcher Vehemenz, daß er zu ertrinken drohte. Er protestierte erst, als er mit der Nase unter Wasser geriet. Wasser ausschnaubend, kam er wieder an die Oberfläche und sagte mit betrunkenem Grinsen: „Schön, schön, im Wasser ist's schön."

Idiot, dachte sie und erhob sich. Er gab ihr ein großes Badehandtuch und trocknete sich selbst an einem kleineren ab. Kühl und herablassend wandte sie sich von ihm ab.

Warum bin ich so gemein zu ihm? dachte sie, wußte aber ganz genau, daß sie gemein zu ihm sein mußte, richtig gemein, um überhaupt eine Spur von mitleidiger Freundlichkeit für ihn aufbringen zu können.

Er zog sie zu sich ins Bett. Jedesmal, wenn er versuchte, ihre Beine zu seinen Schultern hochzuziehen, haßte sie ihn noch mehr.

„Laß das sein!" zischte sie, und ihre Augen schossen Blitze. Ihm wäre angst und bange geworden, hätte er ihr in diesem Augenblick ins Gesicht gesehen.

„Es ist schön, so schön", sagte er mit geschlossenen Augen, und sein leicht geöffneter Mund entblößte die zu kleinen Zähne. Sie hatte bis jetzt kaum etwas davon gehabt, und das sagte sie ihm auch. Der abweisende Ton, in dem sie das sagte, wurde leicht ironisch, als er plötzlich aufsprang und hinauslief. Anscheinend war ihm nicht gut. Gleich darauf hörte man auch, daß er sich übergab. Die Schadenfreude tat ihr gut. Wenn der zurückkommt, ohne sich die Zähne geputzt zu haben, knalle ich ihm eine vor den Latz, dachte sie und wunderte sich darüber, daß er sich soviel von ihr gefallen ließ.

Mit geputzten Zähnen kam er zurück, entschuldigte sich und sah erleichtert aus. Gleich darauf ergriff er ihre Beine und drücke sie zu seinen Schultern hinauf.

„Verstehst du denn nicht, was man sagt", schrie Marit und warf ihn von sich ab.

„Sofa", sagte sie kurz und machte eine Kopfbewegung zum Nebenzimmer hin. Gehorsam folgte er ihr und setzte sich so hin, wie sie es ihm befal. Sie setzte sich auf ihn. Es war ihr egal, daß die kaum verheilten Platzwunden an ihren Knien, die sie sich neulich zugezogen hatte, als man sie auf die Straße feuerte, nun wieder aufgingen und zu bluten begannen.

Bei jedem Stoß schlug sein Kopf gegen die Wand. Die dumpfen Schläge, mit denen sein Kopf rhythmisch gegen die Wand knallte, mußten im ganzen Haus gehört werden. Ihr machte das nichts aus.

Dann stand sie auf und verschwand im Badezimmer.

Sie lag auf dem Bett, lässig ausgestreckt darauf wartend, wieder ins Badezimmer gehen zu können, wo er schon seit geraumer Zeit erneut kotzte. Als er zurückkam, sah er sehr mitgenommen aus. „Ich habe zuviel Wein getrunken", sagte er. Er hörte sich anders an als vorher, und auch sein Gesicht sah anders aus. Er deutete auf seinen Mund: „Meine Zähne sind weg."

Sie starrte ihn an. Falsche Zähne hatte der also auch noch.

„Die sind mir in die Badewanne oder sonstwo hinein gefallen", nuschelte er. Wie ein geölter Blitz hatte Marit sich angekleidet. Ihr Blick hätte einen Expreßzug zum Halten bringen können.

„Ich kann dich wohl in einigen Tagen anrufen?" fragte er undeutlich. Ihre Lache hörte sich an, als ob ein Haufen Porzellan auf dem Fußboden zerscheppert wäre. Sie verließ das Häufchen Elend, das einmal der „Stier" gewesen war, auf Nimmerwiedersehen.

Die Chancen, in der U-Bahn einen hübschen Knaben kennenzulernen, waren größer, als an einen hübschen Taxifahrer zu geraten. Also nahm sie die U-Bahn. Leider, so mußte sie feststellen, saßen in ihrem Abteil nur langweilige Knilche. Sie mußte da an eine Geschichte denken, die sie neulich gehört hatte. Einer ihrer blonden, jungen Liebhaber, ein richtiger Prachtgermane, hatte ein halbes Jahr lang in Hamburg gewohnt. Während dieser Zeit hatte er natürlich die Reeperbahn wie seine Hosentasche kennengelernt. Ihm reichte es, und er war froh, wieder nach Haus fahren zu müssen.

Den letzten Abend verbrachte er mit seinen Freunden bei einer Abschiedsfeier. Da die Kumpel so geheimnisvoll taten, wußte er, daß sie etwas im Schilde führten. „Heute abend laden wir dich zu etwas Besonderem ein", sagten sie und krümmten sich vor Lachen. Erst wollten sie ihm nicht erzählen, worum es sich handelte. Nach etlichen Schnäpsen jedoch weihten sie ihn in ihren genialen Plan ein. Sie wollten ihn in würdiger Form dazu einladen, auf ihre Kosten eine Fünfgroschenhure zu vernaschen. Eine Fünfgroschenhure, das war starker Tobak, das war mal was anderes. Sie fuhren zum Hafen hinunter und betraten dort eine erbärmlich aussehende Kaschemme. Sie nahmen Platz und bestellten. Er schaute sich um, konnte aber nur ein paar schlecht angezogene Kerle entdecken. Von Weibern keine Spur. Das erleichterte ihn etwas, und er hob einige Becher mit den feixenden Kumpeln. Von einer Fünfgroschenhure war nicht mehr die Rede, bis er fragte, wo sich wohl die Toilette befinde. Da gab's ein Hurra, daß der ganze Laden wackelte, und ihm wurde klar, wenn auch nicht ganz verständlich, daß die Sache mit der Fünfgroschenhure jetzt vom Stapel gelassen würde.

Sie marschierten geschlossen zur Toilette, die eine Treppe tiefer im Keller lag. Der Mann, der den Laden da unten bediente, erhielt seinen Obolus und rief dann laut zwei Frauennamen. Die eine Wand des engen Toilettenraumes war aus Holz, und in dieser Holzwand lagen zwei große, ovale Löcher, und seitlich von jedem waren Griffe angeschraubt. In jedem der beiden Löcher erschien jetzt ein nackter Frauenarsch so herausgehängt, daß man den Zweck dieser Übung gar nicht erst falsch verstehen konnte.

Ob der Prachtgermane von dem Angebot Gebrauch gemacht hatte oder nicht, daran konnte sich Marit im Augenblick nicht mehr erinnern.

An der nächsten Haltestelle stieg ein jungenhafter, recht angeheiterter Knabe zu. Sein kastanienbraunes Haar und seine ebenso braunen Augen sahen nett aus.

Vergnügt kam er zu ihr herüber und fragte in der

26

freimütigen Art Angetrunkener, ob sie etwas Besonderes vorhabe.

„Ich gehe nach Haus, und du?" antwortete sie und dachte: Das wagst du nur, weil du einen sitzen hast, mein Junge.

„Können wir nicht noch irgendwohin gehen, wir zwei?" fragte er. „Ich bin nicht besonders angezogen, aber Geld hab' ich."

„Kommst du von der Arbeit?"

„Ja."

„Bist du Handwerker?"

„Mensch", sagte er erfreut, „daß du das gleich so merkst. Ich habe selbst eine kleine Werkstatt, und weil die Lokale ja schon alle geschlossen sind, können wir doch dorthin gehen, was?" Der ging 'ran wie Blücher.

„Nein", sagte sie, „in deine Werkstatt gehen wir nicht, aber zu mir nach Hause. Auf dem Weg dahin gehen wir bei einem vorbei, den ich kenne, und da kannst du noch was zu trinken kaufen, du hast ja Geld, wie du sagst. Bei mir ist es damit Ebbe." Marit war wie ein ausgelassenes Kind.

Auf der Straße hielt er ein Taxi an, und als sie einstiegen, sah Marit, daß er es mit der Angst zu tun bekommen hatte. Ihre Bemerkung über das Geld hatte ihn anscheinend beunruhigt. Als sie auf dem Umweg über den Schnapsverkäufer bei ihr angelangt und die Treppe zu ihrer Wohnung hinaufgekommen waren, bemerkte Marit amüsiert, wie er so unauffällig wie möglich seine Brieftasche zu Boden fallen ließ und sie mit dem Fuß unter den Türvorleger schob. Die ziemlich teure Ausstattung ihrer Wohnung ließ ihn vollends

27

den letzten Rest Mumm verlieren, der ihm noch geblieben war. „Werde ich jetzt überfallen und ausgeplündert?" fragte er kleinlaut und mit der Naivität des Unerfahrenen.

„Na, sag mal, glaubst du denn etwa, ich bin eine Nutte?" lachte sie und konnte ihm nicht einmal böse sein, weil er so herrlich doof war.

„Entschuldige bitte", murmelte er und wurde rot, „ich hab' das nicht so gemeint."

Mit der großzügigen Gönnerhaftigkeit dessen, der sich seiner Macht bewußt ist, bedeutete sie ihm, sich zu ihr auf das Sofa zu setzen. Weiß der Himmel, was in mich gefahren ist, dachte sie und konstatierte gleichzeitig, daß er sich warm anfühlte und gut roch.

Er war unkompliziert, und deshalb machte er auch keinerlei Federlesens. Damals schmiegte er sich immer noch an sie wie ein kleines Kind. So lagen sie beide, dicht aneinandergeschmiegt, lange auf dem engen Sofa.

„Du", murmelte er plötzlich beschämt, „entschuldige, daß ich das vorhin gesagt habe. Das mit dem Überfallenwerden und so. Ich wußte ja nicht, wer du bist, und da habe ich sogar auch noch meine Brieftasche unter deinem Türvorleger versteckt."

Das Ehrgefühl ist eine seltsame Sache. Er war so nett, daß sie sich einen Augenblick lang selbst ehrlich und jung fühlte, und sie mußte lächeln.

All dieses erzählte sie mir, und es schien, als sei dieser Tag ihr sehr töricht vorgekommen. Allerdings war ich mir zu jener Zeit bereits völlig im klaren darüber, daß Torheit zeitweilig den Schmerz vertreiben kann. Kurze Zeit danach verschwand sie.

4

Diese Woche fing wirklich gut an. Dummheit kennt keine Grenzen. Ich schien mich in diese Vogelscheuche, Akin, verliebt zu haben. Selbstverständlich könnte ich dafür alle möglichen Gründe anführen. Das laß ich aber lieber bleiben, denn alles, was ich zu meiner Verteidigung anführen würde, wäre reiner Quatsch.

Tatsache ist, daß ich nicht schlafen konnte. Ich hatte Sehnsucht nach ihm. So etwas war mir schon seit langer Zeit nicht mehr passiert. Jetzt aber fühlte ich, daß ich mich Akin anvertrauen wollte. Ich sehnte mich nach ihm, wollte von ihm getröstet werden, wollte ihn lieben, bewundern, von ihm geleitet werden.

Die Erinnerung daran, wie er mich geliebt hatte, trieb mich zum Wahnsinn. Ich sah ihn vor mir. Sein schwarzes Gesicht mit den markant hervortretenden Muskeln, seine mandelförmigen Augen, die mich anstierten. Seinen schlanken, langen, gutgewachsenen Körper zwischen meinen Beinen.

Zufrieden ob dieser Gedankengänge schlief ich ein.

Endlich war es dann soweit, daß ich ihn wieder treffen wollte. Angesichts dieser Tatsache wurde mir erneut bewußt, daß ich ihn eigentlich überhaupt nicht mochte und daß alles andere nur Hirngespinste gewesen waren. Ich war so fertig, daß ich mich nicht einmal selbst treffen wollte. Der ganze romantische Quatsch, auf dem ich meine Luftschlösser erbaut hatte, kotzte mich an. Als ich ihn dann sah, war ich so angewidert, daß ich ihm nicht einmal in die Augen sehen konnte, ohne meine Haßgefühle deutlich sehen zu lassen. Erst nach einer Weile ging es mir auf, daß er selbst so niedergeschlagen war, daß ihm weder das eine noch das andere etwas ausmachte.

Er hatte von irgendwoher Geld erwartet, und es war nicht gekommen. Daher seine Niedergeschlagenheit. Ein Mädchen, dem ein Knabe ohne Zaster über den Weg läuft, sollte das Weite suchen, so schnell ihre Beine sie zu tragen vermögen. Das hatte ich mal gehört. Die wenigsten Mädchen jedoch befolgen diesen guten Rat. Also machte ich ihm etwas zu essen und bot ihm Wein dazu an, denn ich dachte, mich angesichts seines Kummers hilflos fühlend, daß es für ihn besser wäre, gesättigt und enttäuscht als hungrig und traurig zu sein. Als ich sein schmutziges Hemd sah, bot ich ihm sogar noch an, es für ihn zu waschen. Ich, die ich seit Ewigkeiten kein Hemd mehr gewaschen hatte. Besonders nicht die Hemden meines Verflossenen während der anderthalb Jahre, die er mein Mann gewesen war. Er trug natürlich keine Nylonhemden. Dazu dünkte er sich zu fein. Er hätte wie ein Ochse gebrüllt bei meinem Versuch, ihn zum Tragen eines solchen Hemdes zu überreden. Nein, seine Kleidung mußte immer seinem extravaganten Geschmack entsprechen. Je mehr ich Akins Kleidung musterte, desto klarer wurde mir, daß mein Verflossener, gezwungen, in solcher Aufmachung herumzulaufen, entweder den Rest seines Lebens in Klausur verbracht haben würde, oder jedem, der es wagte, sich nach ihm umzuschauen, alle Knochen im Leibe gebrochen hätte. Ihm war es nämlich nie aufgegangen, daß der äußere Schein das innere Schwein nie ganz zu verbergen in der Lage ist.

Akin war nett, so wie er war. Man fühlte die ihm eigene Freimütigkeit, die in seiner ganzen Haltung und den geschmeidigen, lockeren Bewegungen zum Ausdruck kam. Selbst wenn er Kummer hatte, schien er voller bejahender Lebenskraft zu sein. Ich hoffte, daß ich ihm das Gefühl geben konnte, etwas zu bedeuten. Mir bedeutete er ja bereits mehr als irgend jemand sonst auf der Welt.

Vielleicht zeigte ich ihm das nicht besonders deutlich, aber so war es um mich bestellt.

Da ich ihm versprochen hatte, seine restlichen Hemden ebenfalls zu waschen, stand er auf, um nach Haus zu gehen und sie zu holen. Bei der Tür kamen wir miteinander in Berührung. Wir verloren die Beherrschung, die wir uns bis dahin aus irgendeinem Grunde auferlegt hatten. Wir umklammerten einander wie Ertrinkende, küßten uns wild und ließen uns von der Leidenschaft überwältigen. Dann, endlich, endlich, lag ich warm und weich neben ihm, sog alle Düfte, die er ausstrahlte, in mich hinein, als seien es Düfte eines Gartens voller Blumen und Früchte. Ich sah nur noch schwarze Haut und wurde davongetragen auf den Wogen der Seligkeit.

5

Alle möglichen Gedanken gingen mir durch den Kopf, als ich später am Tage Akins Hemden wusch. In mir klang noch immer das Erlebnis des Vormittags nach, und das Leben erschien mir wie ein Tanz auf Rosen. Gewiß war ich etwas erschöpft, aber es war, als ob ich aus der Berührung mit seinen schäbigen Hemden Wärme und Liebe empfände. Ich dachte mir Geschenke für ihn aus, träumte und konnte mich gleichzeitig des Gefühls nicht erwehren, daß mich die schmerzhafte und oft durchlebte Operation erwartete, die mit einem brutalen Eingriff das Liebesband zwischen zwei Menschen jäh durchtrennen kann.

Ungewollt mußte ich wieder an meinen Verflossenen denken. Der Gedanke an ihn ließ mich erkennen, daß es nicht nur die Berührung mit Akins Hemden war, die in mir all die Wärme und das Glücksgefühl aufkommen ließ. Aus der Vergangenheit hatte ich jede versöhnende, freudige Erinnerung mit zu mir in die Gegenwart nehmen können, so daß ich nun, schadenfroh, die überstandenen Widrigkeiten mit der jetzt empfundenen warmen Herzlichkeit vergleichen konnte.

Mit welch unangenehmer Person war ich verheiratet gewesen? Diese Frage ließ in mir einen zwei Jahre alten Groll wieder auferstehen. Es erschien mir, als habe ich mindestens tausend Gründe, ihn zu hassen. Einer davon, wenn auch unbedeutend, so doch bezeichnend, fiel mir gerade ins Auge; meine Zahnbürste nämlich, die er, trotz meiner Proteste, mit an Frechheit grenzender Beharrlichkeit zu benutzen pflegte, wenn er seine Besuche bei mir abstattete. Einer augenblicklichen Eingebung gehorchend, nahm ich sie und begann damit die Kragen und Manschetten von Akins Hemden gründlich sauberzubürsten. Dabei feixte ich mir eins und fühlte mich in gehobener Stimmung.

Dann gab ich mich wieder meinen Phantasien hin. Ich träumte mich in die liebkosenden Umarmungen meines schlanken Akin hinein, wälzte mich in Gedanken über seinen Körper und verweilte dort.

Als er endlich gegen Abend anrief, klang seine Stimme etwas zurückhaltend. Vielleicht kam es mir aber auch nur so vor, weil ich vor Erregung kaum verstand, was er sagte. Gibt es etwas Schöneres als diesen Rausch, den das Glück hervorzurufen vermag, dieses angenehm kribbelnde Gefühl, diese Wärme, die, vom Geschlechtsteil ausgehend, sich über den ganzen Körper zu verbreiten scheint?

„Komm", wollte ich flüstern, „komm, mein Geliebter, und sei wieder bei mir. Nimm mich zu dir, fülle mich mit deiner Kraft, bleib bei mir und verlaß mich niemals – niemals . . ."

„Ich glaub' ich hab' Gonorrhöe", sagte er.

Meine Kehle war trocken vor Schreck.

„Du bist doch nicht nur mit mir zusammen gewesen", murmelte ich und versuchte, meine Fassung wiederzufinden.

„Es ist drei Tage her, seit ich mit dir zusammen war, und vorher waren's zehn Tage, seit ich 'ne andere gehabt habe. So, höchstwahrscheinlich hab' ich's von dir. Morgen gehe ich jedenfalls zum Arzt."

Er sagte das so freundlich, als sei er an Kummer gewöhnt.

Wehmut und Trauer überkamen mich, nachdem sich die erste Erbitterung gelegt hatte. Dann riß ich mich zusammen.

Die Widerwärtigkeit des Lebens. Meine Vorahnungen hatten mich also nicht betrogen. Alles war viel zu leicht gegangen, zu schön gewesen. Ein Glück, daß ich es gewohnt bin, mit beiden Füßen fest auf der Erde stehen zu können, wenn man mich zurück in den Schmutz drücken will, dachte ich verbittert. Siehste, du Rindvieh, schalt ich die Romantikerin in mir, wie witzlos ist es, schmachtend in der Gegend umherzurennen und dabei einen Tripper weiterzureichen oder sich ihn einzuhandeln.

Hatte ich ihn weitergereicht, dann war die Frage: Von wem hatte ich mir ihn geholt? Von meinem kleinen Berber? Fast möchte ich darauf schwören.

Da blieb nichts anderes übrig, als einen befreundeten Arzt anzurufen, in der Nachtdienstapotheke Penicillin und eine Spritze abzuholen, zum Freund zu fahren und eine in den Allerwertesten verpaßt zu kriegen. Dazu natürlich die strenge Anweisung, während der nächsten zwei Tage alles zu unterlassen. So ist das Leben. Tschüß, du meine einzige Freude.

Die Widerwärtigkeiten des Lebens bereiten mir komischerweise immer so etwas wie eine gewisse Genugtuung. Man muß sich gegen sie zu stählen wissen. Gestählt, kühl und ruhig schlief ich inmitten der Ruinen meines demolierten Glücks ein. Ich erwachte davon, daß jemand wie ein Besessener an meiner Tür herumhämmerte. Es war stockdunkel. Vor Schreck schien mir mein Herz wie ein Laubfrosch zu hüpfen. Als es sich wieder beruhigt hatte, vernahm ich die heisere, Einlaß begehrende Stimme meines Verflossenen. Denkste, dachte ich und kuschelte mich unter der Bettdecke zusammen, als dächte ich nie im Leben daran, ihm zu öffnen. Ganz still lag ich in meinem Bett, ganz still. Ich kostete das Gefühl meiner Macht über ihn zur Neige aus. In meiner Hand lag es schließlich, ob ich ihn hereinlassen würde oder nicht. Ich entschloß mich dazu, ihn nicht hereinzulassen.

Je lauter er draußen randalierte, desto fester entschlossen wurde ich, ihn unter keinen Umständen hereinzulassen. Gleichzeitig mußte ich an seinen muskulösen Körper mit den etwas hängenden Schultern denken. Der größte Teil seiner unglaublichen Körperkraft schien gerade in den Schultern, dem Hals und dem Nacken zu liegen. Komischerweise nicht in seinen Beinen. Die waren zu krumm. Ansonsten machte der ganze Kerl auch im großen und ganzen einen stattlichen Eindruck, was nicht zuletzt daran lag, daß er immer um eine abweisende, steife Haltung bemüht war, die einer natürlichen Wachsamkeit zu entspringen schien.

Er rüttelte immer ungehaltener an der Türklinke, und gerade, als mir vor Wut der Kragen zu platzen drohte, fiel er buchstäblich „mit der Tür ins Haus".

„Ich wollte dich nur sprechen", lächelte er verlegen und machte die Tür, so gut es ging, von innen zu. Das Weiß seiner Augäpfel war rosafarben.

„Raus!" zischte ich ihn haßerfüllt an.

„Jetzt bist du mir auch noch böse", sagte er wehleidig und setzte sich. Ich schloß die Augen und fühlte mich schlapp wie eine alte Semmel. Angst und Aufregung zehren einem an den Kräften.

Sein bittender Blick überzeugte mich beinahe davon, daß es gut war, ihn bei mir zu haben. Um die Wahrheit zu sagen, *so* verabscheute ich ihn nun auch wieder nicht. Außerdem war ja die ganze Sache ein wenig schmeichelhaft für mich. Um zu mir zu kommen, hatte er sich wie ein Filmgangster Zutritt zu meiner Wohnung verschafft.

Ich öffnete meine Augen und betrachtete ihn. Natürlich wußte ich, daß ich ihm überhaupt nichts glauben konnte. Er log wie gedruckt. Trotzdem beeindruckte er mich. Er war zweifellos ein verdammt flotter Kerl, obwohl er, rein äußerlich gesehen, wie ein Ganove aussah. Seine Fresse, die einer Katze glich, wenn sie schnurrt, war dieses Mal weder schmerzverzerrt noch rasend, eher selbstgefällig. Mit flackerndem Blick und ohne ein Wort zu sagen zog er sich aus. Seine Bewegungen waren beherrscht und bestimmt. Ich glotzte ihn an, um damit meinen Unwillen auszudrücken.

„Jetzt komm' ich zu dir", sagte er und versuchte, den eventuellen Widerstand mit seiner Schneidigkeit zu überwinden.

„Es ist dir also noch gar nicht eingefallen, daß ich

womöglich überhaupt nicht daran interessiert sein könnte, dich zu sehen", sagte ich und versuchte, so ungerührt wie möglich zu sprechen.

Das machte ihn stutzig. Nun geschah, was ich beabsichtigt hatte, er verlor seinen Mumm. Wie er da so neben mir lag, erinnerte er mich an ein weidwund geschossenes Tier, dessen Verstand nicht dazu ausreicht, die Ursache zu verstehen.

Doch gleich darauf biß er die Zähne zusammen. So kannte ich ihn, wie ein verwöhnter Säugling kuschelte er sich an mich.

Mir fiel das französische Sprichwort ein: „Eine Frau liebt nur den Mann, den sie liebt." Wie konnte ich also diesen hier lieben, wo ich doch Akin zur Zeit in Liebe zugetan war . . .

Ja, Akin.

Als ich an ihn in diesem Moment dachte, fühlte ich mich wie eine Mata Hari, wie eine Betrügerin.

Ich hörte Gassamas heisere, verlangende Stimme und wußte, daß es jetzt für mich kein Zurück mehr gab. Ich würde mich ihm hingeben. Meine Gefühle zwangen mich dazu.

„Ich will ja hier keinen Stunk machen, nur mit dir sprechen", erläuterte er und legte sein nacktes Bein quer über meinen Leib.

„Mensch, du bist der erste, der nackend auf mir herumkriecht und mir einreden will, das sei die Einleitung zu einem Gespräch", antwortete ich.

„Ich will dir doch gar nichts tun", flüsterte er, „ich will doch nur bei dir liegen und mich mit dir unterhalten und vielleicht, hier bei dir, zwei Stunden schlafen.

Zwei Stunden nur." Gleichzeitig drückte er sein Bein noch fester an mich.

„Zwei Stunden?" fragte ich ablehnend, „warum gerade zwei Stunden?" Ihm gegenüber widerspenstig zu sein, machte mich erregt wie noch nie. Warte nur, mein Junge, gleich liebst du mich, dachte ich.

„Wenn du willst, gehe ich", sagte er lahm.

Ich hätte anfangen können zu heulen, eingedenk unserer geplatzten Liebesgeschichte. Zwei Jahre lang hatte ich mich doch nur mit ihm und seinen kleinen Eigenheiten beschäftigt. Ich hatte geglaubt, daß der Schmerz, den mir diese ganze Geschichte zugefügt hatte, abgeklungen war. Ich hatte mir eingebildet, der Schlußpunkt sei unter dieses Kapitel gesetzt. Nun wußte ich, daß dieses Kapitel niemals beendet werden würde.

Als ich fühlte, wie Gassamas Hände meinen Körper abtasteten, war es mir zumute, als ob Akin meine Hand losgelassen hätte und wir uns voneinander entfernten. Am liebsten hätte ich Gassama weiterhin mit abgefeimter Ablehnung gequält, hätte ihm gegenüber so gemein wie möglich sein sollen, hätte alles vermasseln wollen, um ihm weh zu tun. Statt dessen fügte ich mich willig den wohlbekannten und noch immer nicht vergessenen Befehlen seiner liebkosenden Hände. „Lage aussichtslos", sagte er, und ich fühlte deutlich, wie sehr er mich brauchte. Wir drückten uns aneinander, Schenkel gegen Schenkel, Bauch an Bauch, wie zwei neugeborene Welpen in ihrem warmen Körbchen lagen wir da. Der Gott oder die Göttin des Vergessens, wer immer nun für diesen Sektor verantwortlich ist, hatte schlechte Arbeit geleistet. Uns waren die Erinnerungen daran, wie sich zwei lebenslustige, aber ach so schwache Menschlein aneinander ergötzen konnten, zu stark im Bewußtsein geblieben.

Meine Arme umschlangen seinen Hals, und ich zitterte wie Espenlaub. Jetzt war mir alles egal. Ich genoß, was mir geboten wurde, und bot ihm, was er genießen konnte. Es war reines Vergnügen an der Freude. Meine Hände liebkosten seinen schlanken, sehnigen Rücken. Wie ein Klammeraffe krallte ich mich an seinem Körper fest.

In wollüstiger Ermattung lag ich in seinen Armen und atmete an seiner Brust. Schweißtropfen perlten an seinem Hals. Ich bemerkte das zwar, begriff aber im Augenblick gar nicht richtig, wo ich mich befand. Ich wußte nur, wer ich war, aber nicht, wie ich hierhergekommen war. Eines aber wußte ich genau: Er sollte mir gehören, nur mir, für immer.

,,Gib mir morgen etwas Geld", bat er.

Naja, etwas ausgenützt hat er mich ja immer schon, dachte ich, etwas kühler geworden, aber ich hab' schließlich andere getroffen, die in der Beziehung viel schlimmer waren. Ich werde ihm, als Dank für seine Bemühungen sozusagen, etwas Geld geben.

,,Ich erlaube dir, drei, vier Monate mit Kongo zusammen zu sein", sagte er ruhig, ,,dann kommst du zu mir zurück. Ich bin nicht eifersüchtig."

Gerade wenn man es am wenigsten erwartet, war dieser eigentümliche Kerl kalt wie eine Hundeschnauze. In diesen Augenblicken vergötterte ich ihn. Ich senkte meinen verliebten Blick. Nein, nein, dachte ich, ich will nicht, daß er wieder so besinnungslos wütend und noch mißtrauischer seiner Umwelt gegenüber wird. Laß ihn sein, wie er jetzt ist . . .

Mit der fast unheimlich anmutenden Intuition, die ihm eigen war, fragte er, nach einem kurzen Blick auf mich: „Du bist doch wohl nicht krank, was?" Die Frage haute mich beinahe um. Obwohl ich wußte, daß allein schon die Möglichkeit, daß dem so sein könnte, ihn mit Zorn erfüllte, war seine Stimme erstaunlich leise und beherrscht, als er mir versicherte: „Hast du mich mit irgend etwas angesteckt, dann bekommst du von mir einen Denkzettel, den du niemals vergessen wirst. Mich sperren sie zwar ein, aber du landest im Krankenhaus."

„Du mußt im Leben doch mal was riskieren", versuchte ich zu witzeln, „und die anderen Damen, mit denen du herumfickst, können doch wohl auch etwas haben."

„Ich bin nicht mit so vielen zusammen. Habe ich mir was geholt, dann hast du mich angesteckt", entschied er und fügte stolz hinzu: „Ich, Gassama, sehe immer erst nach, ob ein Mädchen einen Tripper hat oder nicht."

Ich konnte und wollte mir ein Lächeln nicht verkneifen; mein widersinniger schwarzer Mann mit seinen unklaren Vorstellungen, die er aus dem Urwald mitgebracht hatte. Als ob Gonokokken vorsintflutliche, zweibeinige Ungeheuer seien, die, laut in der Gegend herumbrüllend, ihre Gegenwart verkündeten.

„Gonorrhöe kann man nicht sehen", sagte ich, nur um gemein zu sein.

Er starrte mich einen Augenblick lang an. Dann kam ein gequälter Ausdruck in seine Augen. Er hatte sich entschlossen, das wußte ich sofort, mich in naivem Vertrauen um Rat zu fragen. Rasch zog er sich die bereits angezogenen Hosen wieder aus.

„Sieht man das hier oder hier?" fragte er und deutete erst auf die gekräuselten Schamhaare, dann auf sein Glied.

„Hier sieht man's", antwortete ich und deutete auf seinen Penis. Dann sah ich ihm gerade in die Augen, und die Leidenschaft zwischen uns entflammte abermals.

6

Man sollte vielleicht weniger himmelhochjauchzend das, was einem auf der Wanderung durch dieses irdische Jammertal geboten wird, entgegennehmen, dachte ich, als ich mit kritischen Augen seinen nackten Körper musterte, während er sich die Zähne mit der roten Zahnbürste, diejenige meiner Zahnbürsten, die er immer nahm, putzte.

„Warum benutzt du ausgerechnet immer diese Zahnbürste?" fragte ich ihn, und die Hinterhältigkeit, mit der ich dieses sagte, verursachte mir einen Freudenschauer, der so stark war, daß er mehr einem Ausbruch von Raserei glich.

Doch dann beruhigte ich mich mit dem Gedanken, daß mein Herumgewurstele vielleicht meine Art war, ein luxuriöses Leben zu führen. „Naja", sagte ich, da mir nichts anderes einfiel, während er versuchte, sich wie ein Truthahn aufzublasen.

„Sei vorsichtig mit deiner Lügerei", fügte ich noch hinzu und gab ihm etwas Geld, „ich hab' so was wie einen sechsten Sinn, wenn es darauf ankommt, eine Masche zu durchschauen."

Ich weiß selbst nicht, warum ich diesen Bockmist verzapfe, dachte ich und küßte sein lächelndes Gesicht, ehe er zur Tür hinausging.

Das Telefon klingelte.

„Heiliger Bimbam", sagte ich laut zu mir selbst, „jetzt geht das Theater wieder los." Es war, als sei mein ganzes Dasein ein Würfelspiel. Ich kam mir vor wie eine Lampe, die beliebig ein- und ausgeschaltet werden kann.

Darum setzte ich mich wohl auch jedem Risiko aus, ohne jedoch, wie ich mir einbildete, entscheidende Fehler zu begehen.

Als ich die Stimme am anderen Ende der Leitung hörte, verspürte ich so etwas wie echtes, ungespieltes Erstaunen. Das schlug dem Faß den Boden aus . . .

Hätte ich jemandem Kleider im Werte von zweitausend Eiern geklaut, würde ich mich schwer hüten, da auch noch anzurufen. Nie und nimmer.

„Kannst du hören, wer hier spricht?" Das klang so, als erwarte er von mir einen Ausbruch freudiger Überraschung. Das falsche Aas.

„Mein lieber Libanon", lachte ich amüsiert, „hast du dir für meine Kleider einen guten Tag gemacht?"

„Ich hab' die doch nicht genommen", er markierte den Unschuldigen, „du mußt mir glauben. Wieso sollte ich dir denn deine Kleider klauen."

„Komm, komm. Aber es spielt jetzt auch keine Rolle mehr. Meinen Mantel aus Paris hättest du mir immerhin dalassen können. In Zukunft werde ich Schilder an die Klamotten hängen, die du klauen darfst. Sei dann aber auch so nett, nur die mitgehen zu lassen."

Angespornt von der Neugier, diesen Knilch, der mich beklaut, belogen und mir nun auch noch seine

Unschuld beteuert hatte, wiederzusehen, war es schon eine abgemachte Sache, daß wir uns treffen würden. Ich schlug Libanon also vor, zu mir zu kommen. Da der Mensch nicht allein von der Liebe leben kann, fing ich an, ein Essen herzurichten.

Ich war ziemlich baff, als Libanon kam und einen japanischen Freund mitbrachte. Da ich beabsichtigte, mindestens einen dieser beiden Knaben zu vernaschen, ließ ich sie Brathühnchen knabbern und Wein schlürfen. Wie eine Katze, die sich schnurrend die Barthaare putzt, saß ich und beobachtete beide. Welch ein Augenschmaus, diese zwei schönen Männer. Enemene-mu, ich brauchte nur zu wählen. Der Japaner, mit seinem typisch asiatischen Gesicht und den blendendweißen Zähnen, sah zwar besser aus. Die Erfahrung hatte mich jedoch gelehrt, daß sie ziemlich schwach waren. Das verwies ihn automatisch auf den zweiten Platz. Ich verschlang mit gierigen Blicken Libanons Figur. Was mir an ihm besonders gut gefiel, war seine Wildheit. Darum konnte ich ihm vieles verzeihen, was mir eigentlich überhaupt nicht paßte.

Libanon hatte mich auf der Straße aufgegabelt. Allerdings hatte ich von ihm schon vorher gehört und gefühlt, wie es mich in den Fingern gejuckt hatte. Er war ein ganz fauler Fisch, das war sicher. Sein großer schwarzer Haarwust und seine fast natürlich anmutende Unzuverlässigkeit waren seine Qualitätszeichen.

Libanon war ganz nach meinem Geschmack. Daß er es nicht nur auf mein Bett abgesehen hatte, erwies sich bereits am zweiten Tag. Er bat mich darum, bei mir einziehen zu dürfen. Nun, es war nicht das erste Mal, daß mir einer gleich so kam. Sollte der sich etwa einbilden, mir blauen Dunst vormachen zu können? Da war er an die falsche Adresse geraten. Es war mir völlig klar, daß dieser Scheich hier in moralischer Hinsicht kein Musterknabe war.

Außerdem war er so einfältig, sprich unintelligent, daß er glaubte, er käme bei mir mit der „Ich-liebe-dich-Masche" an. Seine plumpen Liebesbeteuerungen, mit denen er mich, die alles Gequassel von Liebe und so weiter durchaus kalt ließ, laufend überschüttete, taten mir jedoch keinesfalls weh. Im Gegenteil: Jeder ist ein Produkt seiner eigenen Vergangenheit, und deshalb konnte ich sein Gesabbel auch hinnehmen, weil es mir wie ein wohlverdienter Urlaub von Gassamas brutaler Besitzergreifung vorkam. Libanon log wie gedruckt. Was aber hatte das schon zu besagen, da ich doch zu jeder Tageszeit mit ihm tun konnte, was ich wollte. Irgendein Gesprächsthema hatten wir nicht, und das ewige Im-Bett-liegen war für mich nicht genug Anlaß, treu zu sein. Ich war ihm deshalb oft untreu, und dies nicht nur mit Neueroberungen, sondern sogar mit Gassama.

Bei einer dieser Gelegenheiten sagte mir Gassama zum erstenmal: „Du kommst zu mir zurück." Mit Libanon, so schätzte er, würde ich es nur einen Monat lang aushalten. „Es kann nicht wahr sein, daß du mich, Gassama, für diesen da im Stich läßt", brüllte er, „das kann nicht wahr sein!"

Indessen, ich genoß diesen Monat. Mir machte es auch nichts aus, daß Libanon mich immer wieder anpumpte. Es war, als sagte er sich: Hat sie mir dreihundertfünfzig geborgt, dann kann ich sie wohl um weitere hundertfünfzig anhauen. Er bekam von mir ein paar Scheine und machte dabei dunkle Andeutungen von irgendwelchen Geldern, die er, was weiß ich woher, erwarte.

„Lüge mich nicht an", sagte ich anfangs. Das war jedoch sinnlos, denn er belog mich nur noch mehr. Außerdem tat er noch beleidigt, weil ich ihm nicht glaubte.

Er ging sogar so weit, mir auf die „Willst-du-mich-heiraten"-Tour zu kommen.

Eines Abends, es war kurz bevor wir auseinandergingen, fragte ich ihn, ob er Lust habe, mit mir ins Kino zu gehen, um den Film „Kampf um Algier" anzusehen.

„Nein", sagte er, „ich bin aus Libanon. In Libanon und in Persien leben die anständigsten Araber. In Algier, Marokko und Tunis die unanständigsten. Ich will keine Algerier sehen."

Voller Widerwillen schaute ich ihn an. Seit geraumer Zeit hatte ich täglich seine Koffer durchwühlen müssen, um die Kleinigkeiten, die er mir gestohlen hatte, geliehen, sagte er, wiederzubekommen. Komischerweise empfand ich das alles als wunderbar aufregend, als ob es sich um einen Wettbewerb handelte, bei dem es etwas zu gewinnen gab. Alles verzieh ich ihm, daß er klaute, daß er log, daß er mir „ewige Liebe" vorschwärmte, ohne es zu meinen. All das verzieh ich ihm. Eines jedoch konnte ich ihm nicht verzeihen: daß er so dumm war zu glauben, ich sei so blöd, ihn nicht zu durchschauen. Hätte er kapiert, daß sein ganzer Mumpitz von der Liebe vollkommen unnötig war, dann wäre die schöne Zeit nicht so schnell zu Ende gegangen. Nun aber war bei mir der Bart ab.

Am selben Abend noch rief er mich aus Uppsala an und behauptete, er sei dort mit Bejan. Er konnte ja nicht wissen, daß Bejan bei mir bereits verschiedene Male angerufen und nach ihm, sowie nach drei Anzügen, die ihm verschwunden waren, gefragt hatte. Bejans drei Anzüge waren spurlos aus Libanons Auto verschwunden, radikal weg.

So zog er kurz darauf aus meiner Wohnung aus, und ich blöde Gans vergaß natürlich zu kontrollieren, ob auch nichts verschwunden war. Schon tags darauf merkte ich, daß ein Schlüsselbund weg war. Hausschlüssel, Wohnungsschlüssel, Kommoden-, Schrank- und alle anderen Schlüsselchen, die an so einem Bund dran sind, waren weg.

So kam es auch, daß nach und nach meine Kleider verschwanden. Er holte sich immer dann etwas, wenn ich nicht im Hause war. War es an und für sich schon komisch, daß jemand auf die Idee kommen konnte, ausgerechnet Kleider zu stehlen, so war die Art und Weise, mit der er bei der Auswahl zuwege ging, direkt zum Lachen. Ich könnte darauf schwören, daß er bei jedem Beutezug in meiner Wohnung etwa so dachte: Dieser helle Mantel hat einen Fleck, und darum wird sie sicher nicht so wütend werden, als wenn ich das Kostüm aus Seide mitgehen lasse. Ich nehme dieses leinene und ein paar Sommerkleidchen. Die kosten nicht soviel, daß sie deswegen zur Polizei rennt. Außerdem wird sie ja auch sicher verstehen, daß ich Geld brauche, und einsehen, daß ich ein anständiger Hund bin. Warum sonst klaue ich ihr nicht die besten und teuersten Klamotten?

Das alles ging mir durch den Kopf, während ich Libanon und den Japaner dabei beobachtete, wie sie an Brathühnchenknochen knabberten. Mein ganzes Leben lang habe ich geglaubt, es sei nur ein Witz, daß Japaner kein „f" aussprechen können. Jetzt wollte ich's genau wissen. Ich bat ihn also, das Wort „Kaffee" zu sagen.

„Kahee", sagte er bereitwillig.

„Kaffee."

„Kahee", sagte er wieder und lächelte mich an.

„Willst du, daß ich dich mit dem Wagen nach Hause fahren soll, oder nimmst du ein Taxi?" fragte Libanon, der schlaue Hund. Der Japaner haute ab.

Libanon und ich waren allein, und jetzt sollte er sich für Brathühnchen und Wein revanchieren, und das tat er dann auch.

Es war früh dunkel geworden draußen.

Als plötzlich das Telefon läutete, war ich noch ganz benommen. Es paßte mir ausgezeichnet, daß der kleine Berber der Anrufer war.

„Komm in einer Stunde", machte ich mit ihm ab, ohne mich durch die Anwesenheit Libanons stören zu lassen. Der grinste nur. Er war zufrieden. Entgegenkommenderweise zog er sich gleich an. Glücklicherweise hielt er auch die Luft an und quasselte weder von Liebe noch von ewiger Treue, Ehe und Kindern, Haus und Hof und was er sonst noch immer früher so verzapft hatte. Wir waren vom gleichen Schrot und Korn, und er wußte, daß er mir nichts mehr vorzumachen brauchte.

„Bei was für einer Tille wohnst du jetzt?" fragte ich neugierig.

„Woher weißt du denn, daß ich bei einem Mädchen wohne?" wunderte er sich.

„Na, wo solltest du denn sonst wohnen?" lachte ich, „Tillen mögen doch solche wie dich und du hast gar kein Geld, um dir selbst ein Zimmer zu mieten."

„Das ist ein prima Mädchen", sagte er, und ausnahmsweise hörte sich das an, als ob er es auch meinte. „Du bist allerdings besser", fügte er hinzu, und auch das klang echt.

„Wieso besser?" fragte ich und war jetzt erstaunter als damals, als er mir die Kleider geklaut hatte.

„Wenn man mit dir ein paar Wochen zusammen ist, hat man das Gefühl, als ob man dich sein ganzes Leben lang gekannt hat. Bei ihr ist das anders. Ich glaube, ich werde nie richtig klug aus ihr werden."

Weil ich den Eindruck hatte, daß er dieses nicht nur sagte, um zu schmeicheln, fühlte ich mich gebauchklatscht. Etwas mußte schließlich dran sein. Warum sonst umschwärmten mich alle Männer wie die Motten das Licht?

Laßt den Gesang vor meinem Ohr im Saale widerhallen, dachte ich, als Libanon gegangen war, bringt mir herein den Berber. Der Gedanke, daß ein Araber gegangen war und der andere nun kommen würde, amüsierte mich sehr.

Der Berber war wirklich sehr lecker. Sein hageres,

hartes Gesicht mit der kurzen, etwas platten Nase, den vollen Lippen, den hervorstehenden Backenknochen und den beinahe schwarzen Augen ließ ihn sinnlich erscheinen, wie ein Typ aus Tausendundeiner Nacht, und ich konnte mir gut vorstellen, daß fast alle Frauen auf ihn ansprechen mußten.

Er kam und begrüßte mich mit seiner tiefen, ruhigen Stimme. Ohne große Umstände zu machen, führte er mich direkt in mein Schlafzimmer.

7

Ich erinnere mich eines Sommers, als meine Schwester gerade sechzehn Jahre alt war. Man hatte uns aufs Land geschickt, in ein Dorf nahe der finnischen Grenze. Wie gesagt, sie war damals erst sechzehn Jahre alt, aber ihr Interesse für Männer war schon das einer Volljährigen. Obwohl sie immer noch ihre Unschuld hatte, verstand sie sich bereits darauf, einen Mann so auszunutzen, wie ein Wissenschaftler seine Meerschweinchen für seine Forschung nutzt. Jedes einzelne Erlebnis mit einem Mann beschrieb sie mir mit einer Genauigkeit und Sachlichkeit, als diktiere sie einen klinischen Befund. Besonders interessante Beobachtungen trug sie mit großer Sorgfalt in ihr gelb eingebundenes Tagebuch ein. Irgendwie hatte sie schon in jungen Jahren erfaßt, daß es zwischen den Geschlechtern Spannungen gab. Wie es schien, hatte sie sich dazu entschlossen, aus diesen Spannungen für sich so viel abzuzweigen, daß ihre eigene Energieversorgung gesichert war. Es galt für sie, sich zunächst einmal in der maskulinen Welt zu orientieren. Die ersten Schritte dazu hatte sie bereits unternommen. Ihr gelb eingebundenes Tagebuch war der beste Beweis dafür. Meine Schwester war schlank und, soweit ich mich entsinnen kann, auch recht hübsch. Möglicherweise war sie gar nicht so hübsch, wie ich mich heute zu erinnern glaube. Vielleicht war es nur ihre Ausstrahlung, die mir vorgaukelte, sie sei hübsch. Wie dem auch sei, im Vergleich zu ihr empfand ich mich wie eine häßliche Kaulquappe mit Pickeln im Gesicht, tolpatschig und mit zu großen Ohren. Es half mir auch nicht, daß ich mir selbst einzureden versuchte, ich sei die ehrlichere und anständigere von uns beiden. Wann immer sie es wollte, vermochte sie so auszusehen, als könne sie nicht bis drei zählen. Jeder, dem sie so kam, fiel darauf herein, und ihr gelb eingebundenes Tagebuch füllte sich mit Eintragungen, die die Leichtgläubigkeit der Männer behandelten.

Ich kannte den Inhalt ihres Buches ebenso auswendig wie sie selbst. Nicht etwa, daß ich heimlich darin herumschnüffelte. Das brauchte ich nicht zu tun, denn sie erzählte mir alles brühwarm und wurde fuchsteufelswild, wenn sie meinte, ich hörte ihr nicht andächtig genug zu. Dabei hörte ich ihr andächtig zu, weil die Berichte über das, was sie an den Männern beobachtet zu haben glaubte, weitaus spannender waren als ein noch so fesselnder Liebesroman. Ihre Typensammlung war bereits beachtlich. Ihr schien der Wissensdurst des geborenen Forschers eigen zu sein. In ihr vereinten sich, wie bei einem echten Forscher, Leidenschaft, Mut und Hingabe, eine einmal begonnene Sache zu Ende zu führen. Ich meine, daß sie das Leben liebte und deshalb das Abenteuer suchte.

Was sie einmal dazu bewogen hatte, mit ihrem Tagebuch anzufangen, weiß ich heute nicht mehr so genau. Ich erinnere mich nur noch daran, wie verblüfft ich gewesen war, als sie mir eines schönen Tages die ersten vollbeschriebenen Seiten in diesem Buche zeigte.

Es war, wie ich schon erwähnte, ein gelbes, billiges Notizbuch, dessen Seiten sie sauber und ordentlich in je sechs Spalten unterteilt hatte. Die erste Spalte war, von Seite zu Seite fortlaufend, von eins bis hundert numeriert. Die restlichen fünf Spalten waren jeweils mit einer Rubrik versehen wie: Augenfarbe, Größe, Alter, Name, Datum.

„So, nun wollen wir mal nachrechnen, wie lange es dauert, einhundert Männer zu küssen", konnte sie zum Beispiel sagen und in ihrem Tagebuchregister nachschlagen. Mir schien es, als sei sie nur darauf aus, die Daten in ihrem Tagebuch zu vervollständigen, und eben nur aus diesem Grunde ließe sie sich von Männern abknutschen. Ich beobachtete, wie sie sich unter Straßenlaternen abknutschen ließ, in Parkanlagen, wo sie dann auch gleichzeitig Blumen klaute, in Obstgärten, aus denen sie noch Äpfel stibitzte, und am Badestrand, wo sie ihren gutgewachsenen Körper in auffälliger Weise zur Schau stellte, um ja so viel Männer wie möglich scharf zu machen. Wenn so ein Heini es endlich soweit gebracht hatte, daß er sein Glied bei einer Umarmung, die sie ihm gnädigst bewilligt hatte, gegen ihren Unterleib pressen durfte, wobei natürlich das schützende Tuch seiner Badehose und ihres Badeanzugs dafür sorgten, daß nichts weiter passieren konnte, dann ließ sie ihn sofort stehen und ging davon. Der Gesichtsausdruck eines derart behandelten Lustmolches glich dann dem eines Mondkalbes. Er hätte noch blöder ausgesehen, hätte er auch nur geahnt, daß er im gelbgebundenen Tagebuch meiner Schwester noch am selben Tag verewigt sein würde.

Sie machte die Kerle wild. Wo immer sie auftauchte, war die Gegend nach kurzer Zeit voll von verliebten Männern, und sie hatte es immer auf diejenigen abgesehen, die älter waren als sie selbst. Erwischte sie mal einen, der jünger war als sie, auch wenn es sich nur um ein paar Monate handelte, dann betrachtete sie ihn, als sei er ein stümperhafter Regiefehler. Nur mit Widerwillen wurde er in ihrem kleinen gelben Tagebuch verewigt. Später änderte sich das.

„Wie hältst du das eigentlich aus, dich laufend in alle möglichen Abenteuer zu stürzen?" fragte ich sie damals bei Gelegenheit.

„Was heißt hier aushalten?" war ihre verblüffte Antwort. „Ich sehe schon, daß du überhaupt keine Ahnung hast. Ich brauche das. Was wäre ein Leben ohne Abenteuer? Kalter Kaffee, sage ich dir."

Das war die einzige Erklärung, die sie mir jemals gab.

Jener Sommer, den wir in dem Dorf nahe der finnischen Grenze verbrachten, ist mir ziemlich klar in Erinnerung geblieben. Es war die Zeit der Mitternachtssonne, die in diesen Monaten hier oben im Norden die Tage mit Licht und Wärme erfüllte und die Nächte zu Tagen werden ließ. Es war unbeschreiblich schön. Der Sommer im hohen Norden ist kurz, aber intensiv, und alles, was da kreucht und fleucht, selbst die Blumen, Gräser, Büsche, Bäume und anderen Gewächse, scheint nach der eisigen Kälte und Finsternis der langen nordischen Winternächte jetzt alles nachholen zu wollen. Alles sprießt, gedeiht und blüht in unglaublich kurzer Zeit. „Lebe, lebe, lebe", scheint jeder Windhauch zu wispern, „lebe, denn der Sommer ist bald wieder vorbei." Und so lebt alles, Tag und Nacht, den intensiven, kurzen Sommer lang. Vögel zwitschern sogar des Nachts.

In dem Dorf waren die Leute wie wild. Sie liebten sich zu jeder Tages- und Nachtzeit im Wald, in Scheunen, hinter Heuschobern, im Stall und überhaupt überall dort, wo man annehmen konnte, nicht ertappt zu werden. Für meine Schwester und mich war es ein außergewöhnlich gut geeigneter Ort, unsere Studien zu betreiben. Diese Bauern hier, die während des langen Winters mürrisch und schwerfällig ihre Arbeiten verrichteten, benahmen sich jetzt gleich streunenden Katern. Sie schwänzelten um die Weiber herum, ohne sich auch nur die Mühe zu machen, ihre Absichten im Zaume zu halten. Die Weiber, alte sowie junge, ermunterten sie mit lockenden Blicken.

Das lustige Treiben lockte natürlich auch Marit, meine Schwester. Mit Augen, die wie ein Waldsee grünlich schimmerten, starrte sie jeden Mann an, der in ihre Nähe kam. Tag und Nacht schien sie nur noch an das eine zu denken, was alle im Dorfe miteinander taten, und ich konnte manchmal beobachten, wie sie im Schlafe am ganzen Leibe zu zittern anfing. Dieser Zustand hielt aber nicht lange an. Sie hörte mit ihrem Gestarre und Gezittere auf, und ich nahm an, daß sie sich jemanden angelacht hatte. Was ich zunächst nicht begriff, war, daß sie sich jeden Kerl im Dorfe angelacht hatte. Jeden Kerl und Jüngling. Mit gekonntem Lächeln lockte Marit sie zu sich.

Abend für Abend verschwand sie jetzt aus dem Haus und kam spät und später zurück. Schließlich machte es ihr auch nichts mehr aus, daß man die Heu- oder Erdspuren an ihrem Kleid sah, wenn sie zurückkam. Mutter schimpfte natürlich wie ein Rohrspatz mit ihrer schrillen Stimme. Das jedoch machte ihr nicht nur nichts aus, sie schien sich sogar noch darüber zu amüsieren. Schon am nächsten Abend war sie wieder verschwunden und kam erst gegen Morgen wieder. Mutters Tiraden prallten wie immer an ihr ab.

„Keine Gefahr", sagte sie nur und ging, um sich hinzulegen. Ihr gelbes Tagebuch mußte inzwischen schon allerlei Seiten voll haben. Mir kam es zum Schießen vor, wie sie sich, offenbar systematisch, die Kerle einen nach dem anderen unter den Nagel riß. Als kämpfte sie sich von Haus zu Haus durch das ganze Dorf hindurch. Nicht etwa, daß sie nur einen in jedem Hause gehabt hätte. Nein, jede im Hause lebende Mannsperson hatte es zu sein. Das alles tat sie mit der größten Selbstverständlichkeit.

Im ersten Haus erwischte sie den ältesten Sohn; einen schüchternen, dreißigjährigen, sehr kleinen Mann mit veilchenblauen Augen unter langen blonden Wimpern. Wie sie mir später erzählte, hatte sie ihn wild geküßt, und er hatte sie in die Lippe gebissen. Zitternd vor Aufregung hatte er bei ihr gelegen, und da er fast nur finnisch sprach und Marit ihn nicht verstehen konnte, floß die Rede weniger munter fort. Allerdings wiederholte er seine Liebeserklärungen so oft auf finnisch, daß sie diese bald nachsagen konnte. Ob ihr die schwierige Verständigung zu anstrengend oder ob es nur die Ungeduld war, das nächste Abenteuer so schnell wie möglich zu erleben, ist ungewiß. Jedenfalls ließ sie ihn plötzlich links liegen und kroch mit dem jüngeren Bruder ins Heu. Der fiel über sie her, als sei sie Naschwerk, und da sie das als plump und unzivilisiert empfand und er außerdem sehr ungeschickt küßte, war er bei ihr noch schneller abgemeldet als sein Bruder. Der dritte der Geschwister, der hübscheste, war leider verreist.

Auf dem nächsten Hof gab es zwei Brüder. Beide waren breitmäulig und breitschultrig. Der eine blond mit blauen Augen, der andere dunkellockig mit grünlichgrauen Augen. Das erschwerte die Wahl. Außerdem gab es da nicht nur diese beiden Söhne, die, wenn sie besoffen waren, die tollsten Dinger drehten, sich gegenseitig vermöbelten und wie die Ochsen brüllend durchs Dorf randalierten, sondern es gab auch noch den Vater. Er war ein fünfundsiebzigjähriger, baumlanger, wohlbeleibter und wohlhabender Bauer mit einer fünfjährigen Tochter. Das ließ auf die Virilität seiner beiden Söhne Rückschlüsse zu, und so schnappte sich Marit den mit dem dunkellockigen Haar und den grünlichgrauen Augen. Nachdem er sie in der Sauna abgeknutscht und gründlich befummelt hatte, war Marits Wissensdurst, was seine Person betraf, gestillt. Jetzt sollte der Blonde mit den blauen Augen 'ran. Der war aber zu besoffen, um erfassen zu können, worum es sich handelte. Darum wartete sie ab, bis er wieder nüchtern war. Diese seltene Gelegenheit ergab sich bereits am nächsten Tag, und schon hatte Marit ihn in den Krallen. Er war ein lustiger Knabe, der viele fröhliche finnische Volkslieder zu singen wußte. Leider stand er aber auch mit dem Wodka auf du und du, und wenn er einen sitzen hatte, wollte er nicht nur knutschen und fummeln, dann wollte er es genau wissen. Marit jedoch war nicht bereit, sein Wissen bereichern zu helfen. So nahm auch diese Geschichte ein schnelles Ende.

„Sag mal, bereust du es nicht manchmal, wenn du mit jemandem Schluß gemacht hast?" fragte ich sie eines Morgens, als sie damit beschäftigt war, ihre Notizen in dem gelben Tagebuch zu vervollständigen.

„Ich habe schon so viele Sachen gemacht, die ich bereue", antwortete sie, „eine Dummheit mehr oder weniger spielt darum überhaupt keine Rolle." Sie sah keineswegs danach aus, als ob sie irgend etwas bereue, als sie hinzufügte: „Außerdem verstehe ich eigentlich nicht, warum es immer die Mädchen sein müssen, die bereuen sollen, wenn sie Spaß mit den Männern haben, oder wenn sie Schluß mit ihnen machen." So floß die Arbeit an ihrem Tagebuch munter fort.

Sie spielte mit Männern, und es war eigentlich nur eine Frage der Zeit, wann sie sich einmal die Finger verbrennen würde. Sie ließ die Männer auf Hautnähe an sich heran, aber auch nicht weiter, und außerdem immer nur einmal.

Eines schönen Morgens sprangen wir barfuß zum Dorfkrämer, um Limonade und Gebäck zu holen. Die junge Frau hinter dem Ladentisch begrüßte uns freundlich. Sie kannte uns, wie ja jeder jeden im Dorf kannte.

„Dies ist Vilmar, mein Verlobter. Er hat hier bei den Moudkas eine Stellung bekommen", stellte sie uns einen jungen Mann vor. Das war ein wahnsinnig hübscher Bengel mit glänzendem braunen Haar, sonnengebräunter Haut, verschmitzten braunen Augen und den etwas stark hervortretenden Jochbeinen, die den Gesichtern der Männer des hohen Nordens eine eigene und rechte pikante Note verleihen. Sein schmallippiger Mund, der Willensstärke verriet, war zu einem Lächeln verzogen, als er Marit fragte: „Du, hör' mal, wann besserst du dich endlich, was?" Er sagte das in dem singenden Tonfall, der den Finnen eigen ist. „Nach dem, was ich so von dir gehört habe, nehme ich an, daß dir mal 'ne kleine Tracht Prügel ganz guttun würde."

Das Lächeln, mit dem sie ihn zunächst bedacht hatte, verflog mit einem Schlag, als sei es mit einem Schwamm weggewischt worden. Nun musterte sie ihn, als sei er Luft für sie.

Er aber schien sich überhaupt nichts daraus zu machen, sondern stand harmlos lächelnd vor ihr, den Hut etwas schief auf dem Kopf und die dunklen Augenbrauen leicht hochgezogen.

„Vielleicht sollte ich dir mal ein bißchen den Hintern versohlen", sagte er und griff ihr, wie aus Spaß, mit einer Hand an den Hintern. „Diese jungen Bengels hier können es nicht verkraften, sich mit dir die Nächte um die Ohren zu schlagen. Du solltest daran denken, daß sie für die Heuernte gebraucht werden."

Als sei sie von einer Ringelnatter gebissen, rannte

Marit zur Tür hinaus. Ich folgte ihr, und als ich sie eingeholt hatte, sah ich, wie wütend sie war.

„Das soll ihn teuer zu stehen kommen", preßte sie zwischen zusammengebissenen Zähnen hervor und sah aus wie eine Raubkatze, der die schon sicher gewähnte Beute entkommen ist. Mir schwante, daß sie von nun an alles daransetzen würde, ihn ihrer Sammlung einzuverleiben, ohne Rücksicht auf eventuelle andere Verluste.

Meine Ahnungen bewahrheiteten sich. Seit dieser Begegnung machte sie einen äußerst überspannten Eindruck. Sobald sie nur Stimmen oder das Getrappel von Pferdehufen von der Straße her hörte, sprang sie zum Fenster und starrte hinaus. Sie verbrachte ihre Zeit ausschließlich damit, Gelegenheiten zu suchen, um ihn treffen zu können. Für sie gab es nur noch diesen einen: Vilmar. Die anderen waren für sie nur noch Luft. Manchmal, wenn sie Vilmar die Dorfstraße daherkommen sah, ging sie ihm hocherhobenen Hauptes entgegen und an ihm vorbei, als sähe sie ihn gar nicht. Er grinste nur. Sie war fest entschlossen, sich niemals dazu herabzulassen, sich ihm in die Arme zu werfen. Niemals! Außerdem war sie fest entschlossen, ihn um jeden Preis zu bekommen, selbst wenn es sie ihre Jungfernschaft kosten sollte. Aber erst wollte sie ihn zappeln lassen, so wie er sie jetzt zappeln ließ.

Nun, da ihr ganzes Sinnen und Trachten darauf eingestellt war, ihn zu bekommen, sonderte sie sich von mir ab. Ich wurde von ihr nicht mehr ins Vertrauen gezogen. Trotzdem wußte ich, daß sie nächtelang wach lag und nur an ihn dachte.

Jedesmal, wenn wir jetzt zum Dorfkrämer gingen, schaute Marit die junge Verkäuferin, Vilmars Verlobte, mit haßerfüllten Augen an. Ich wußte, daß Marit vor Eifersucht verging. Ich wußte aber auch, daß sie überzeugt davon war, Vilmar zum Schluß doch noch zu kriegen.

Sie war so von diesem Gedanken erfüllt, von diesem wahnsinnigen Verlangen, daß sie wie eine Fieberkranke aussah. Vielleicht war sie auch wirklich im Fieber. Ihre Pupillen waren unnatürlich groß und dunkel geworden. Sie machte auf mich den Eindruck, als sei es mit Lebensgefahr verbunden, sie unvorsichtigerweise zu berühren, sie war wie eine Hochspannungsleitung. Dieser Gedanke allein schon beweist, wie überspannt ich selbst zu jener Zeit war.

Ab und zu sahen wir aus der Entfernung den so heiß Ersehnten. Es war unmöglich, von diesem unwahrscheinlich attraktiven Kerl nicht gefesselt zu werden. Er erweckte in einem jene Art Lust, die das Verlangen nach sofortiger Befriedigung auslöst. Da jene Befriedigung meiner Schwester noch nicht zuteil geworden war, lief sie nachdenklich umher.

Sie war jetzt erregbar und bösartig. Einmal, als Mutter ihr eins hinter die Löffel geben wollte, schlug sie hart zurück. Das Schlimmste daran war, daß sie dabei gleichzeitig kalt und höhnisch lächeln konnte. So verrückt und blind ihre Begierde sie auch erscheinen ließ, war sie doch instinktiv in der Lage, in allerhöchstem Maße wachsam zu sein. Marit hatte jene scharfe Beobachtungsgabe, die in Krimis genialen Detektiven zugeschrieben wird. Vielleicht hatte sie auch einen sechsten

Sinn, mit dem sie spüren konnte, wenn irgend etwas faul war und jemand etwas vor ihr zu verbergen versuchte. Sie erzählte mir nämlich hinterher, was sie entdeckt hatte, und das haute mich beinahe um. Gleichzeitig aber ging mir auch ein Licht auf. Jetzt verstand ich, warum Mutter seit geraumer Zeit den Bauern, bei dem wir wohnten, so umschwänzelte. Ihre sonst so schrille Stimme hörte sich wie ein Säuseln in zittrigem Espenlaub an, wenn sie mit ihm sprach. Der Bauer hatte eine Figur wie eine große, knorrige Eiche. Die blauen Augen in seinem markanten Gesicht musterten alles und alle, wie es mir schien, mit vollkommener Ungerührtheit. Er und seine Frau gaben das ungleichste Paar ab, das ich jemals gesehen hatte. Sie war häßlich wie die Nacht. Wenn ich sie mir so anschaute, konnte ich nicht umhin, mich eines irgendwann mal gehörten Schüttelreimes zu entsinnen, von dem ich nur noch die letzte Zeile im Gedächtnis hatte: „. . . du hast 'ne weiche Birne und bist ein bißchen doof." Jetzt fiel mir auch auf, wie oft der Bauer zu uns hereinkam, um Kaffee zu trinken. Mutter schien zu glauben, daß er mit ihr anbandeln wollte. Daher das Säuseln in ihrer Stimme. Ich aber sah genau, daß er Marit mit seinen blauen, ausdruckslosen Augen zu verschlingen schien.

„Dieser Schafskopf", knurrte Marit, „wenn ich will, vernasche ich den heute noch." Das glaubte ich ihr gern. Und so geschah es dann auch. Wir hatten uns bereits auf unser Zimmer begeben, das gleich neben der Küche lag, als er ankam. Mutter bot ihm an, Kaffee zu kochen. Säuselnd entschwand sie in der Küche. Marit sah aus wie ein Jagdhund, der eine frische Fährte gewittert hat. Er sagte irgend etwas von „mal nachsehen, ob die Mädchen schön brav im Bett liegen", oder so ähnlich, als er in unser Zimmer kam. Das hörte sich sehr harmlos an. Aber an seinem Gesichtsausdruck konnte man sofort sehen, was er im Schilde führte. Der wollte es jetzt wissen. Er setzte sich zu Marit aufs Bett, und mit einer Schnelligkeit, die man ihm gar nicht zugetraut hätte, nahm er sie fest in seine Arme und küßte sie so wild, daß ich glaubte, er würde ihre Lippen mit den seinen zerquetschen. Dann ließ er, heftig atmend, von ihr ab. Nun aber warf Marit sich ihm an die Brust, und zwar so gekonnt, daß man ohne weiteres sah, wie geübt sie darin war. Es machte den Eindruck, als wollte sie in ihn hineinkriechen. Ihre feingliedrigen Hände glitten über seine Schultern, über seinen breiten Rücken. Sie drückte ihre Brüste an ihm beinahe platt, und er begann vor Aufregung zu schwitzen. Mir, die das alles mit ansah, wurde allmählich ganz anders zumute.

Er machte sich von ihr los, um nach Luft zu schnappen. Gleichzeitig mußte er eine Frage beantworten, die Mutter von der Küche aus rufend an ihn stellte.

„Gute Nacht", sagte Marit da plötzlich, kühl wie ein Eisschrank geworden, und zog sich die Decke über den Kopf. In diesem Augenblick schien er zu verstehen, daß sie ihn die ganze Zeit an der Nase herumgeführt hatte, und es sah so aus, als würde er sie jetzt vergewaltigen. Anscheinend besann er sich aber eines Besseren, erhob sich und ging mit einem unterdrückten finnischen Fluch aus dem Zimmer.

Am nächsten Tag tat er so, als sei nichts geschehen. Sein Gesichtsausdruck jedoch verriet, daß er Marit aufs Kreuz legen würde, sollte sich dazu die geringste Gelegenheit ergeben. Marit schien auch eingesehen zu haben, daß es weitaus gefährlicher war, mit ihm so zu spielen, wie sie es mit den anderen Jünglingen vorher getan hatte. Dieser hier war kein Jüngling, er war ein Mann. Sosehr er jedoch auch hinter ihr her war, sie verstand es, ihm geschickt auszuweichen. Sie hatte vor ihm Angst bekommen.

Höchstwahrscheinlich war es die Furcht vor diesem Mann, die Marit den Brüdern Moudka und deren Knecht Vilmar wieder in die Arme warf. Sie begann, ihnen bei der Heuernte zu helfen. Sie machte jetzt den Eindruck eines Mädchens aus der Stadt, das an der ungewohnten Landarbeit seinen Heidenspaß hat. Mir konnte sie allerdings nichts vormachen. Ich begriff sofort, daß das alles nur Theater war und sie damit irgendwelche Absichten verfolgte. Mir war auch klar, auf wen sie es dabei abgesehen hatte. Die Brüder Moudka kannte sie ja bereits, und nicht nur flüchtig. Deren Knecht Vilmar aber hatte sie trotz all ihrer vorherigen Bemühungen noch nicht näher kennenlernen können, weil er nicht gewollt hatte. Es schien, als ob er überhaupt nicht merkte, daß da ein hübsches Mädchen um ihn herumschwänzelte, das ihn, wenn vielleicht auch nicht bis über beide Ohren in ihn verliebt, doch zumindest mit leidenschaftlichem Verlangen begehrte. Vielleicht aber tat er auch nur so.

Jedenfalls benahm er sich ihr gegenüber, als sei sie Luft für ihn, ein Mädchen, das ihn nicht interessierte.

Dann aber geschah eines Tages das, worauf Marit gewartet hatte. Wir beide standen auf dem Leiterwagen und stampften das Heu, welches Vilmar auflud, mit unseren nackten Füßen fest. Schließlich standen wir hoch oben auf der Fuhre, bis fast zu den Knien eingesunken, und schaukelten gemächlich dem Heuschober zu, um dort abzuladen. Wir waren noch nicht weit gekommen, als Vilmar uns einholte und mit einem lauten „hau-ruck" seine Heugabel oben in die Fuhre stach und sich zu uns hinaufschwang. Ich sah, daß Marit kreideweiß wurde. Sie stand da wie zur Salzsäule erstarrt und gab keinen Laut von sich. Erst als wir am Heuschober angelangt waren und Vilmar mitsamt seiner Heugabel von der Fuhre heruntersprang, schrie sie auf. Mit schmerzverzerrtem Gesicht sprang sie von der Fuhre herunter, taumelte und fiel ohnmächtig zu Boden. Nun sahen wir, daß die Zinken von Vilmars Heugabel ihre beiden Füße durchbohrt hatten. Als sie aus ihrer Ohnmacht erwachte, lag sie da, den Kopf in Vilmars Schoß gebettet. Vilmar hob sie auf und trug sie nach Hause. Dort angekommen, legte er sie auf ein Bett, holte ein Antiseptikum herbei und träufelte etwas davon in die Wunden. Dabei machte er ein Gesicht wie der Doktor Eisenbart, der die Leute auf seine Art kurierte, während Marit ihn verklärten Gesichtes anhimmelte, als sei er der bewundernswerte Retter in der Not und nicht der Knilch, der sie durch seine Unvorsichtigkeit verletzt hatte.

Marit lag über eine Woche lang mit ihren Fußverletzungen im Bett. Trotz der Schmerzen, die sie sicher hatte, schien sie jedoch frohgelaunt und erwartungsvoll zu sein. Vilmar kam jeden Morgen an das offene Fenster, gleich neben ihrem Bett, und fragte nach ihrem Befinden. Sie genoß mit sichtlichem Wohlbehagen, daß er für sie Früchte und Schokolade bei seiner Verlobten einkaufte. Sie strahlte vor Zufriedenheit.

Der Bauer versuchte die Situation auszunützen und machte forlaufend plumpe Annäherungsversuche. Um sich vor seinen Unverschämtheiten zu schützen, bat Marit mich, Mutter davon zu erzählen.

Sehr ausführlich erzählte ich Mutter daher, was der Bauer mit Marit gemacht hatte. Sie vergoß Krokodilstränen, weil ihr jetzt ein Licht aufgegangen war; nicht ihr hatte der Kerl nachgestellt, sondern ihrer Tochter Marit. Als der Bauer das nächste Mal angetrampelt kam, um unter irgendeinem Vorwand in Marits Zimmer vorzudringen und an ihr herumzufummeln, traf ihn Mutters Zorn, der Zorn, der sich verschmäht geglaubten Frau, wie ein Blitz aus heiterem Himmel. Er war davon so verdattert, daß seine Besuche bei uns zunächst einmal gänzlich eingestellt wurden.

Allerdings hielt ihn das nicht davon ab, Marit auch weiterhin nachzustellen, nachdem sie wieder auf die Beine gekommen war. Sobald sie das Haus verließ, war er da und drohte ihr: „Du entkommst mir nicht. Dich kriege ich noch!" Er war hinter ihr her wie der Teufel hinter einer armen Seele und soff wie ein Loch.

„Halt deine Schnauze", war Marits Antwort auf derartige Drohungen. Angst aber hatte sie vor dem Kerl doch.

Sie zog mich ins Vertrauen, als sie erfuhr, daß die häßliche Frau des Bauern zu Verwandten auf der finnischen Seite des am Dorfe vorüberfließenden Stromes wollte. Wir bettelten so lange, bis sie uns mitkommen ließ.

Wir setzten mit einem Ruderboot über den Strom. Obwohl die Fahrt nicht lange dauerte, hatte ich doch die ganze Zeit Angst davor, daß der nicht sehr wasserdichte Kahn mit uns, samt den drei alten Fahrrädern, die wir mitgenommen hatten, sinken würde. Wohlbehalten landeten wir jedoch am anderen Ufer und radelten auf unseren Rädern durch den dichten Nadelwald. Die Luft war rein und kühl. Schließlich kamen wir an einen einsam gelegenen Bauernhof. Wir gingen hinein, und man bot uns Käsekuchen an. Da alle nur finnisch sprachen und wir deshalb nur „Bahnhof" verstanden, gingen Marit und ich hinaus, um den Kettenhund mit dem Käsekuchen, der uns nicht schmeckte, zu füttern.

Wir amüsierten uns eine Weile mit dem Hund, dem der Käsekuchen vortrefflich zu schmecken schien, als wir einen Pfiff hörten. Vilmar, über das ganze Gesicht grinsend, kam uns entgegen. Marit sah glücklich aus, als er uns begrüßte, und ich roch, daß er eine Fahne hatte.

„Kommt mit zum Brunnen, ich muß Wasser holen", schlug er vor und griff sich einen Eimer, der da herumstand. Marit folgte ihm auf dem Fuß. Ich stand etwas unschlüssig herum, schlich dann aber hinter den beiden her.

Am Brunnen angekommen, setzte er sich auf dessen steinerne Umfassung und hob Marit auf seinen Schoß, so daß sie rittlings, mit dem Gesicht ihm zugewandt, auf seinen Schenkeln zu sitzen kam. Sie umklammerte mit beiden Händen seinen Nacken. Mit einer Hand suchte er im Ausschnitt ihres Kleides nach ihrer Brust, mit der anderen griff er ihr unter den Rock. Sie küßten sich leidenschaftlich und lange.

Nachdem sie sich so eine Weile gegenseitig erregt hatten, ließen sie voneinander ab und gingen Hand in Hand der nahe gelegenen Scheune zu. Dort angekommen, legten sie sich nebeneinander auf die Erde. Er ließ seine Hände unter ihrem Rock verschwinden. Ich beobachtete das alles und wurde vor Erregung ganz zitterig, und es schien mir, als zwitscherten die Vögel wie wild gewordene Spatzen, die von den Dächern pfeifen.

Sie hielten einander jetzt umschlungen, und sie wühlte mit ihren Händen zwischen seinen Beinen herum. Seine Hände unter ihrem Rock schienen auch ganze Arbeit zu leisten. Ich stöhnte genauso laut wie die beiden. Dann wälzte er sich über sie.

„Komm, komm!" schrie sie.

Sie wälzten sich auf der Erde, so daß mal er, mal sie obenauf lag. Sie gebärdeten sich wie „Lützows wilde, verwegene Jagd", wie wild ineinander verbissene Zweikämpfer im Sande der Arena eines Amphitheaters zu Neros Zeiten. Ihre Bewegungen wurden immer schneller, ihr Stöhnen immer lauter, und schließlich schrien sie beide. Ihre Beine, die ihn umklammert gehalten hatten, sanken nun schlaff herab. Sie legten sich nebeneinander auf den Rücken, schauten hinauf in den blauen Himmel und murmelten leise miteinander.

8

Die Geschichte mit Akin, die so gut angefangen hatte, schien mir nun wie ein Stein auf der Brust zu liegen. Wie gewöhnlich war alles schiefgegangen. Obwohl ich mir einzureden versuchte, daß alles im Leben einmal vorübergehe, fühlte ich mich wie ein Häufchen Unglück. So unglücklich hatte ich mich noch nie gefühlt. Hätte ich weinen können, hätte ich jetzt wie eine kleine Heulsuse losgebrüllt. Statt dessen versuchte ich, klar zu denken.

Vergiß deinen Schmerz, dachte ich. Man lebt nur einmal. Klug gesagt, respektive gedacht. Aber das ist gar nicht so einfach. Was kann man tun, um zu vergessen? Das Leben ist kurz. Gut.

Saufen konnte ich, aber ständig besoffen zu sein, ertrug ich nicht. So liebte ich, was das Zeug hielt, um zu vergessen. Eine Frau, die lieben will, entdeckt plötzlich, wie viele Männer es in ihrer nächsten Umgebung gibt, die willig sind, ihr behilflich zu sein.

So ungefähr dachte ich, und dementsprechend handelte ich. Aber ich konnte Akin nicht vergessen. Jeder Kerl war für mich nur die Attrappe meines über alles geliebten Akin. Da ich so dachte, war ich ihm eigentlich auch niemals untreu. Im Gegenteil. Ich liebte ihn abgöttisch, meinen stolzen Löwen.

Eines Morgens erwachte ich und wußte, daß Akin am Nachmittag kommen würde. Das machte mich nervös und richtig ängstlich. Mir war ganz zitterig zumute, und der kalte Schweiß brach mir aus. Was würde nun passieren? Mochte er mich immer noch?

Kopf hoch, Mädchen, ermahnte ich mich selbst, hier ist noch alles drin. Du bist so aufgeregt, daß selbst der ahnungsloseste Mann Ahnungen bekommen würde. Schnauze halten, weitermachen, so tun, als ob überhaupt nichts los sei, ins Kino gehen, nach Hause gehen, ins Bett gehen.

Vielleicht passiert dann überhaupt weiter nichts. Er fährt mich nach Hause, sagt gähnend gute Nacht, höflich, wie er manchmal sein kann, haut ab, und alles ist in Butter.

So leicht jedoch wurde ich meine Unruhe nicht los. Ich mußte mich irgendwie ablenken. Irgendwie. Besser berauscht und unglücklich, dachte ich, als unglücklich und auch noch nüchtern zu sein. Ich mußte mich also berauschen. Mich stets und ständig besaufen, liegt mir nicht, wie ich schon sagte, aber berauschen mußte ich mich, um seinen Besuch verkraften zu können. Da blieb nur eins.

Uffe rief mich an, mein rettender Engel. Uffe war eine der kleinen, mit Größenwahnkomplexen ausgestatteten Nullen beim Fernsehen. Mit Memoranden, die nichts besagten, lief er geschäftig hierhin und dorthin. Jedenfalls hatte er frei an diesem Vormittag und wollte zu mir kommen. Dafür war ich ihm dankbar. Er konnte mich ablenken, mir die Angst vor meiner Konfrontation mit Akin nehmen. Außerdem würde ich nach seinem Besuch so ausgepumpt sein, daß mich nicht einmal ein Feueralarm mehr hätte aufregen können.

Als Uffe dann endlich kam, war ich nervös wie eine Braut in der Hochzeitsnacht. Ich fühlte mich wie halbtot. Und er sah auch so aus.

„Hast du einen Kater?" fragte ich ihn.

„Und wie. Du auch?"

„Na klar, aber nicht vom Suff. Leider."

Er blinzelte mich so aus seinen verkaterten Augen an. Wie immer überraschte mich die Klarheit seines Blickes. Trotz seines Katers schaute er einen mit Luchsaugen an. Diese Augen machten mich immer ganz schwach. Sie waren wach, begehrend, weibliche Neugierde entfachend. Ich schien in diesen Augen ertrinken zu müssen.

Ich bot ihm ein Bier an. Das zischte. Wir sprachen kaum ein Wort miteinander. Er versuchte, seinen Kater zu überwinden, ich meinen. Das paßte mir gar nicht in den Kram. Sollte er etwa nur deshalb zu mir gekommen sein, um seinen Kater mit einem Bier aus meinem Kühlschrank zu bekämpfen? Das durfte einfach nicht sein.

„Willst du Wein haben?" fragte ich, in Ermangelung eines intelligenteren Gesprächsthemas.

„Ja", antwortete er, und dieses „Ja" hörte sich so befreit an, als habe der Solist des Männerchors von Hinterdumsding erstmalig seine schmetternde Tenorstimme vor mehr als den üblichen zehn Konzertbesuchern scheppern lassen können. Mit anderen Worten: Der Knabe schien aufzuwachen. Ich reichte ihm die

Flasche und den Korkenzieher. Dabei berührten sich unsere Hände flüchtig. Er zuckte zusammen, und ich tat es auch. Jetzt wußte ich, daß alles wieder einmal schön laufen würde, und meine Annahme wurde noch bestätigt, als er sich neben mich auf das Sofa setzte.

„Blöd, dieser Schlagertext: In der Nacht ist der Mensch nicht gern alleine", sagte ich, ausgekocht, wie ich bin, „am Vormittag ist der Mensch wohl genauso ungern allein."

„Meinst du?" fragte er wie ein schüchterner Student, der gegen den allgemeinen Sittenverfall mit einem Plakätchen zu demonstrieren sich erdreistet, und rückte mir gleichzeitig auf die Pelle. Innerlich jubelte ich. Dieser Knilch hatte erst gar nicht versucht, mir auf die philosophische Tour zu kommen, der ging gleich 'ran. Im Geiste sah ich schon, wie ich dieses Knäblein mit dem Kindergesicht, den hell leuchtenden Augen und dem muskulösen Körper vernaschen würde.

Er schob mir die Hand unter den Rock. „Mensch", seufzte er wollüstig, „du hast ja gar kein Höschen an."

„Ich glaubte schon, daß ich sie mir vergebens ausgezogen hätte", versuchte ich zu witzeln.

„Du, laß mich mal sehen", sagte er, schob mich in Rückenlage auf das Sofa und stellte sich zwischen meine gespreizten Beine. „Ich werd' verrückt", sagte er, „du bist wunderschön. Mensch, das ist ein Gedicht. Mir geht's beinahe, wenn ich dich nur anschaue. Mädchen, gleich liebe ich dich. Ich liebe dich, wie du willst." Und das tat er dann auch.

„Du bist ein Könner", lobte ich ihn danach, und mein gesamtes Ich war wie Gelee. Ich zitterte vor Zufriedenheit, küßte seine verkaterten Augen und sein schweißnasses Gesicht, und mir war, als sollte ich vor Erschöpfung ohnmächtig werden.

Kurz nachdem Uffe gegangen war, klingelte es an meiner Wohnungstür. Draußen stand Akin. Ich hatte also recht behalten. Mein Herz klopfte mir zum Zerspringen. Die täglichen Telefongespräche mit ihm waren nett. Solange ich ihn auf Abstand hatte, liebte ich ihn immer noch. Jetzt aber, da er vor mir stand, war das anders. Seine geschwollenen Redensarten kühlten mich erheblich ab. Er schien davon jedoch nichts zu merken. Er quatschte von seinem Examen und von seinen Schulden. Ganz klarer Fall. Er war nicht der Liebe wegen gekommen. Für mich dagegen war alles außer der Liebe und das, was er mir in dieser Hinsicht geben konnte, völlig uninteressant. Ich hatte so viel Geld, daß ich gut damit zurechtkommen konnte. Ich hatte auch Freunde, die zu mir hielten in allen Situationen. Seitdem ich aber diesen hier kannte, war alles anders geworden. Für mein Geld konnte ich mir einen ansaufen. Mit meinen Freunden konnte ich nette Stunden verleben. Aber seitdem ich Akin kennengelernt hatte, vernachlässigte ich meine Freunde, und das Saufen hatte mir auch keinen Spaß mehr gemacht.

Wie er jetzt so vor mir stand, kam mir das alles in den Sinn, und ich hätte ihn am liebsten hinausgeschmissen. Zu meiner großen Erleichterung rief einer meiner Freunde in diesem Augenblick an und lud mich zum Mittagessen ein. Mir fiel ein Stein vom Herzen, und ich sagte sofort zu.

„Du, hör, vielleicht pfeif' ich darauf, weitere Kurse zu belegen", sagte Akin unvermittelt. Warum er das sagte, war mir schleierhaft, vielleicht wollte er mir damit zu verstehen geben, daß er sich denken könnte, bei mir zu übernachten.

„Ich bin eben eingeladen worden und muß sowieso in einer halben Stunde gehen", sagte ich und hörte direkt, wie triumphierend das klang.

„Ein Liebhaber?" murmelte er und sah einen Augenblick lang etwas bedeppert aus. Das machte mich schadenfroh. Ich hatte es ihm gegeben. Zur Strafe dafür, daß ich mich in seiner Gegenwart immer so völlig von ihm beeinflußt fühlte, daß ich mich dauernd von ihm auf die Schippe nehmen ließ.

Ich wußte, daß dies weder für ihn noch für mich die richtige Medizin war. Ich konnte mir aber nicht anders helfen. Er zog mich an und stieß mich gleichzeitig ab. Das machte mich unsicher, und ich litt darunter. Nun mußte er gehen, und ich weidete mich an seiner Enttäuschung.

Als ich bei meinem Freund ankam, war der sehr aufgeregt. Man hatte gerade eine seiner Damenbekanntschaften mit schwerer Schlaftablettenvergiftung aufgefunden. Er hatte sie angerufen, und statt ihrer hatte die Mutter weinend geantwortet. Ihre Schwester war auch dort und hatte sich, ebenfalls heulend, angeboten, zu ihm zu kommen, um ihm nähere Einzelheiten zu erzählen.

Nun wartete er auf sie, und ich wartete mit ihm.

Die Schwester kam mit ihrem Bräutigam. Sie war eine attraktive Blondine, ungeschminkt und nicht mehr blutjung. Ihr Bräutigam war ein schweigsamer Typ von mittlerer Größe, aber sehr gut proportioniert. Seine Stimme klang heiser, als habe er irgend etwas an den Stimmbändern. Ich fühlte mich gleich vom ersten Augenblick an zu ihm hingezogen. Er hatte sehr helles, goldblondes Haar und einen ebenso blonden Schnurrbart, und nach all den schwarzhäutigen Männeken, mit denen ich mich beschäftigte, erschien mir seine Blondheit geradezu exotisch.

Sein Mädchen weinte, und wir trösteten es mit Schnäpsen, Alkohol ist bekanntlich ein außergewöhnlich guter Seelentröster. Er wirkt auch doppelt so schnell und stark, wenn man ihn aus Kummer trinkt. So auch hier. Das Mädchen war nach ein paar Kurzen schön blau. Ich hatte mich neben ihren Freund aufs Sofa gesetzt und nahm mittels meines Beines Tuchfühlung mit ihm auf. Er trank nicht viel, weil er Auto fuhr. Ich trank auch nicht viel, sondern tat so, als habe ich schon einen Schwips, als ich bemerkte, daß sein Mädchen mein Vorhaben beobachtet hatte. Ich saß also betrunken grinsend da, hielt aber weiterhin Tuchfühlung mit ihm.

Sein Gegendruck bescheinigte mir, daß hier was zu machen sei. Ich schenkte ihm wieder ein, als sein Glas leergetrunken war.

Mit der Geduld eines Jägers auf dem Anstand wartete ich meine Gelegenheit ab und mimte in der Zwischenzeit weiter die Angesäuselte. Es dauerte auch gar nicht lange, und das Mädchen hatte einen solchen Affen sitzen, daß es seinen Freund und mich vergessen zu haben schien. Statt dessen flirtete es mit meinem

Freund, der jetzt auch ganz schön angeheitert war, weil er, Kavalier, der er war, mit dem Mädchen Glas für Glas mitgehalten hatte. Sie legten sich beide schön sittsam nebeneinander auf den Teppich vor dem offenen Kamin und schienen sich Lustigkeiten zu erzählen, denn sie kicherten ununterbrochen. Die Kleine tat mir natürlich leid, weil die Sache mit ihrer Schwester ihr wohl an die Nieren gegangen war und ich nun auch noch alles tat, um ihr den Boyfriend wegzuschnappen. So etwas regt mich immer ungemein auf. Einer anderen Frau den Liebhaber sozusagen vor der Nase wegzuschnappen, das ist für mich das höchste der Gefühle.

Ich rückte noch näher an den blonden Schnurrbartträger heran. Dafür hatte ich eine Nase. Die eben durchlebte Aufregung mit der Schwester seiner Braut hatte ihn schwerlich so entnervt, daß er nicht in der Lage sein sollte, seinen Mann zu stehen.

Davon würde ich mich gleich überzeugen. Zunächst schaute ich zu den beiden Teppichliegern hinüber. Die schienen zu schlafen. Ich ließ meine rechte Hand sachte über seinen Oberschenkel gleiten und von dort zwischen seine Beine. Jetzt war er genauso wild wie ich.

Die beiden Schläfer hatten sich nicht gerührt. „Komm", sagte ich, „wir hauen ab."

„Die wird verrückt, wenn ich sie hier so einfach sitzenlasse", sagte er unentschlossen.

„Die macht dir doch sowieso Theater, falls sie jetzt erwacht und uns hier so sitzen sieht", sprach ich auf ihn ein. „Es ist gehopst wie gesprungen, ob sie dir heute oder morgen Krach macht."

Da ihm das nun auch einzuleuchten schien, hauten

wir ab. Er fuhr nach meinen Anweisungen, bis wir ein Stück aus der Stadt heraus eine kleine Holzbrücke erreichten, die das Ende einer Landzunge mit einer winzigen, im See liegenden Insel verband.

Unter der Brücke hörten wir das Wasser plätschern und über unseren Köpfen das Laub der Bäume im Nachtwind rascheln. Ich war hier noch nie gewesen und hatte nur auf gut Glück die Fahrtrichtung so bestimmt, daß wir diesen Platz gefunden hatten. Zum Glück fand er auch seine Taschenlampe im Wagen. Es war hier nämlich stockfinster. Mit der Taschenlampe leuchtete er uns nun den Weg aus. Halbwegs auf der Brücke versperrte eine querlaufende Bretterwand mit einer verschlossenen Pforte in der Mitte den Weg zu dem Inselchen.

„Das wird sicher die vielbeschriebene Schatzinsel sein", witzelte ich und fand das alles sehr spannend. Mit einem eben erst gekidnappten blonden Schnurr-bartträger mitten in finsterer Nacht auf einer versperr-ten Holzbrücke, die zu einer Mini-Schatzinsel führte, im Schein einer eben noch schwach leuchtenden Taschenlampe herumzutappen, das war ein Ding.

An der Bretterwand angekommen, nahm er mich beim Arm und drehte mich so, daß ich mit dem Rücken dagegen stand. Er schmiß die Taschenlampe irgend-wohin und ging in die Kniebeuge. Wir verkrallten uns ineinander. Es hätte mich nicht gewundert, wenn mir in diesem Augenblick die Haare buchstäblich zu Berge gestanden hätten. Wir bogen und krümmten uns, wankten hierhin und dorthin, und höchstwahrschein-lich sah das alles nicht sehr ästhetisch aus. Er schnaufte wie eine Dampflokomotive, wenn sie eine große Steigung zu nehmen hat. Ich stöhnte, als säße ich beim Zahnarzt und ließe mir eine Wurzelfüllung machen.

Ich lehnte mich an die Bretterwand. Vor Erschöpfung zitterte ich am ganzen Leib, und meine Knie waren weich wie Gelee.

„Wo ist die Taschenlampe?" fragte ich ihn.

„Die habe ich hier irgendwo hingelegt", antwortete er und fummelte an seiner Hose herum.

„Hingelegt ist gut."

„Die muß irgendwo hier runtergefallen sein", sagte er und tappte in der Finsternis herum, bis er sie tatsächlich fand. Dann gingen wir zum Wagen und fuhren zur Stadt zurück.

„Komm, laß uns noch irgendwohin fahren und einen trinken", schlug ich vor.

„Du, meine Braut . . ." wollte er protestieren.

„Quatsch", sagte ich, „du weißt doch, das ist jetzt gehopst wie gesprungen."

Wir landeten in irgendeiner Bar, und aus dem einen Drink wurden mehrere. Als die Barleute Feierabend machten, fanden wir in der Nähe einen Nachtklub. Dorthinein wollte ich ihn schleifen, aber wieder bekam er Gewissensbisse wegen der zurückgelassenen Braut. Dieser Idiot, dachte ich, die ist doch da auf dem Teppich vor dem Kamin schon längst vernascht worden und ist sicher froh, daß er nicht dazugekommen ist.

Mir platzte also der Kragen, und ich sagte deshalb zu ihm: „Hör mal zu, du blonder Knabe mit lockigem Haar, wenn's dir nicht paßt, kannst du von mir aus abhauen."

Das tat er nicht, sondern stolperte mit mir in den Nachtklub, der sich als eine ziemlich miese Spelunke entpuppte. Kaum saßen wir an einem der Tischchen, als sich uns auch schon ein Typ aufdrängte, der unbedingt seinen für sehr teure Kohlen in diesem Neppladen eingekauften Sekt brüderlich mit uns teilen wollte. Bei derartigen Gelegenheiten ist das Wort „nein" für mich ein Fremdwort, das ich nicht beherrsche. Also sagte ich ja. Dann tranken wir und tranken und tranken. Der Sektspendierer schien Geld wie Heu zu haben. Mein blonder Schnurrbartträger bekam vom vielen Sekt einen Schluckauf, und seine Zunge gehorchte ihm auch nicht mehr so richtig. Der Sektfritze war ebenfalls schon weniger deutlich zu verstehen, aber einschenken, das konnte er noch und tat es auch. Wo noch Sekt fließt, bleibe ruhig sitzen, dachte ich, hatte aber bereits ein Auge auf einen Knaben geworfen, der wie ein Zirkusakrobat aussah. Klein, zierlich, gelenkig, etwas schmuddelig und recht schäbig angezogen. Der flirtete auch schön fleißig zurück. Ich fühlte mich wieder einmal in meinem Element. Drei Knaben, von denen der eine im Augenblick aus natürlichen Gründen kaum mehr im Rennen lag, waren mir zur Auswahl angeboten.

Ich schaute sie mir die Reihe nach an, was nicht so einfach war, da ich nach all dem genossenen Sekt Schwierigkeiten optischer Natur zu bekämpfen hatte. Wenn ich aber die Augen etwas zusammenkniff, dann konnte ich noch recht gut sehen.

Also kniff ich sie zusammen und kam zu dem Entschluß, mir den Zirkusakrobaten an Land zu ziehen.

Den wollte ich haben.

Ich flirtete wild mit den Augen. Vermutlich schielte ich dabei vor Besoffenheit. Der Zirkusakrobat lächelte nämlich, flirtete aber zurück.

Der Sektfritze schenkte noch immer ein und merkte nichts. Mein blonder Schnurrbartträger hingegen hielt meine Hand und merkte, was da vor sich ging.

Ich kostete diese Situation zur Neige aus.

„Wenn du mit dem abhaust, siehst du mich nie wieder", sagte mein blonder Schnurrbartträger wütend und ließ meine Hand los.

Das hätte er nicht tun sollen, denn nun sprang ich auf, lief hinüber zu dem Zirkusartisten und fragte: „Kommst du?" Der kam, nachdem er seine bescheidene Zeche bezahlt hatte, und wir verließen Hand in Hand die Spelunke und fuhren zu mir nach Hause.

Er war noch ziemlich jung. Sein Gesicht war schmal, sah aber schon recht verhauen aus, als habe er bereits allerlei erlebt. Als ich seinen nackten Körper sah, der muskulös und drahtig, dabei doch zierlich und feingliedrig war, verstand ich, warum ich ihn in meine gedankliche Typenkartei als Zirkusartisten einsortiert hatte. Er sah ungefähr so aus, wie Klein-Erna sich einen spanischen Vollblutmatador vorstellen könnte. Dabei war er gar kein Spanier, sondern Araber.

Als er schon längst eingeschlafen war, lag ich noch immer wach und dachte darüber nach, wie komisch es eigentlich sei, daß dieser arabische Scheich, der da neben mir im Bette schnarchte, zufälligerweise Akim heißen sollte. „Akim – Akim, Akim – Akin", murmelte ich, mußte kichern und schlief endlich auch ein.

Das schrille Läuten des Telefons riß mich aus Morpheus' Armen. Verkatert und noch im Halbschlaf nahm ich den Hörer ab. Das mußte Gassama sein, wer sonst rief Leute mitten in der Nacht, so früh am Morgen, an. Es war Gassama.

„Wie spät ist es?" fragte ich und bemühte mich, die Augen offenzuhalten.

„Schon sechs", antwortete er, und es hörte sich an, als meine er, daß sechs Uhr in der Frühe schon spät am Tag sei.

„Warum rufst du denn erst jetzt an?" krächzte ich zurück und versuchte höhnisch zu lachen, was mir aber mißlang, da meine Kehle von dem nächtlichen Sektgelage wie ausgedörrt war.

„Besser spät als gar nicht", sagte der unverschämte Hund, „ich will bei dir schlafen, und da du es so ungern hast, wenn ich mit der Tür ins Haus falle, rufe ich eben vorher erst an."

„Das ist sehr nett von dir, Liebling, sehr rücksichtsvoll, mir nicht die Tür einzuschlagen, sondern mich anzurufen", und meine Stimme, die ironisch klingen sollte, hörte sich an wie die einer aufgescheuchten Schleiereule. „Hier liegt schon einer, und der ist ein richtiger Süßer." Ich schaute mir den schnarchenden Akim neben mir im Licht des neuen Tages an. So süß war der nun auch wieder nicht, um ehrlich zu sein.

„Macht nichts", sagte Gassama gönnerhaft, „ich komme trotzdem, und schlimmstenfalls kann ich ja im anderen Zimmer schlafen. Ich muß dich jedenfalls unbedingt sprechen."

„Na schön", ich konnte doch zu ihm nicht gut nein

sagen, „aber du darfst nicht böse sein, daß der Süße hier pennt." Ich tat natürlich nur so besorgt. Im Grunde genommen pfiff ich darauf, ob irgend jemand mir böse war oder nicht. Ein bißchen Herzklopfen hatte ich aber doch.

Es dauerte auch nicht lange, und er kam an. Wie immer glich er einem elegant ausstaffierten Pavian. Vorsichtshalber schmiegte ich mich sofort an ihn und erreichte, was ich bezweckte, er lächelte. Meine Anschmiegsamkeit schien ihn zunächst einmal zu besänftigen. Seine Stimme dagegen verriet, daß ihm das hier nicht paßte, als er fragte: „Willst du mir erzählen, daß bei dir im Schlafzimmer einer liegt?"

„Ja", antwortete ich und versuchte, um ihn zu ärgern, wie eine Braut nach der Hochzeitsnacht auszusehen, „bei mir im Schlafzimmer liegt einer, und der ist wirklich süß."

Mit affenartiger Geschwindigkeit verschwand er im Schlafzimmer. Als er zurückkam, sagte er unwirsch: „Ach, der ist das. Der singt. Spanische Lieder."

„Kennst du ihn denn?" fragte ich und zwang mich dazu, ein Lächeln auf mein Gesicht zu zaubern, denn mir schwante Unheil. Jetzt, dachte ich, jetzt kommt der große Knall, die Superszene mit Stereoeffekt. Aber ach, nichts dergleichen geschah. Ich werd' verrückt, regte ich mich innerlich auf, der ist nicht mal mehr eifersüchtig genug, mir jetzt die Fresse zu polieren.

„Hör mal", sagte er ruhig, sah dabei aber etwas auf die Zehen getreten aus, „willst du wirklich, daß ich im Nebenzimmer liege und mir das Knarren deiner Sprungfedermatratze mit anhören soll?"

Als er das so ruhig sagte, wurde mir klar, daß er bei dem Gedanken daran, daß ich ihn mit anderen Männern betrügen könnte, fürchterlich wütend werden konnte, aber wenn er vor die Tatsache gestellt wurde, daß ich es wirklich tat, nahm er es mit Fassung hin. Werde einer schlau aus diesen Knilchen.

„Bist du noch mit Kongo zusammen?" fragte er so uninteressiert, als handele es sich um eine Frage über das Wetter.

„Mit Kongo, mit anderen, mit ihm", antwortete ich und machte eine Geste zum Schlafzimmer hin, wo Akim schlief.

Ich fühlte Trotz in mir aufsteigen. Leck mich am Arsch, dachte ich, wenn ich nur Akin jetzt hier hätte. Wenn ich nur ihn allein gehabt hätte, dann säße ich jetzt nicht in diesem Schlamassel. Gleichzeitig war ich natürlich Gassama dankbar dafür, daß er keinen Stunk angefangen hatte. Darum sagte ich zu ihm: „Dich hab' ich natürlich immer noch am liebsten." Und das meinte ich auch, weil er sich heute weniger heftig als üblich aufgeführt hatte.

„Heute nacht habe ich deinen Berber getroffen", sagte er kühl, als machte es ihm überhaupt nichts mehr aus, mit wem ich zusammen war.

„Ist der nicht süß?" fragte ich wie eine dumme Gans, weil mir nichts Besseres einfiel, wobei ich die ganze Zeit Gassamas athletische Schulterpartie betrachtete.

„Hast du Akad getroffen?" fragte er mit so viel Abstand in seiner Stimme, als ob ihn meine Antwort weder interessieren noch aufregen könnte.

„Ich war vor einigen Tagen mit ihm auf einer

Party." Ich musterte Gassamas schwarzes Gesicht und wartete darauf, daß er irgendwie die Beherrschung verlieren würde. Ich mochte es nicht, daß er so vollkommen ungerührt aussah.

Ich hatte mich aber gründlich getäuscht. Obwohl dieser Bursche hier alles andere als intelligent war, besaß er doch eine Art angeborener Lebensweisheit, die ihn erkennen zu lassen schien, daß ich ihm etwas vorflunkerte, um ihn auf die Palme zu bringen. Plötzlich kam mir das alles gar nicht mehr so lustig vor. Ich fühlte mich wie ein ausgehöhltes Ei. Mir war, ganz ehrlich gesagt, furchtbar beschissen zumute.

„Jetzt will ich aber was zu essen haben", sagte er plötzlich, und sein lautes, jungenhaftes Lachen bewies mir, daß er mich durchschaut hatte. Gleichzeitig fiel mir ein Ziegelstein vom Herzen, und auch ich lachte nun befreit. Wie zwei glückliche Kinder lachten wir einander an, bis uns die Tränen die Wangen herunterrollten. Es war eigentlich phantastisch, daß wir uns trotz all unserer Gegensätze so gut verstanden. Akin schien mir in diesem Augenblick weit entfernt. Eine Schattenfigur. Akim, der immer noch in meinem Bett pennte, war eine Niete, gemessen an diesem hier. Wir aßen, tranken, spaßten miteinander, und es war uns vollkommen egal, ob Akim uns hörte oder nicht. Wollte er zuhören, bitte, uns machte das nichts aus. Wir beide, die wir so oft wie Katz und Hund zueinander gewesen waren und sicher auch wieder sein würden, fühlten uns in diesem Augenblick wie zwei Verschworene, die die ganze Welt kreuzweise und mehrmals und immer wieder konnte.

„Ich kann mich ja in deinem Gästezimmer ausziehen", seufzte er und ging dort hinein. Ich folgte ihm, setzte mich auf die Bettkante und sah ihm zu. Mir wurde warm ums Herz, als ich all die wohlbekannten Konturen seines Körpers sah, die schwarze Haut, die wie Ebenholz glänzte . . .

„Heute habe ich mich doch wohl nett zu dir benommen, kein Krach und so", sagte er, und ich schmolz dahin.

„Du weißt gar nicht, wie glücklich ich bin, meinen Liebsten wieder bei mir zu haben", hauchte ich.

„Bleibst du bei mir?" fragte er.

Ich antwortete ihm nicht, sondern saß still und erwartungsvoll auf der Bettkante.

„Findest du meinen neuen Anzug nicht schick?" fragte er, „hat siebenhundert Eier gekostet."

Da hatte ich den Salat. Eben noch war er halb zahm gewesen, aber jetzt, sobald er gemerkt hatte, daß meine alte Liebe zu ihm noch nicht gerostet war, schwoll ihm der Kamm. Meine Anstrengung, sein mir so verhaßtes überdimensionales Selbstvertrauen auf ein normales Niveau zu bringen, war vergebens gewesen.

Er lachte bereits wieder in seiner altbekannten überheblichen Art, rieb sich die Hände und fand sich selbst großartig, erfolgreich, charmant und witzig.

„Du siehst aus wie ein geschmückter Weihnachtsbaum und stinkst nach billigem Parfüm", sagte ich betont herablassend, „du siehst aus wie ein elegant ausstaffierter Pavian. Das hab' ich dir ja schon immer gesägt." Ich erschrak selbst vor dem, was ich da sagte. Er schien es jedoch gutgelaunt hinzunehmen. Was sollte ich machen? Mein Ärger verflog schnell, denn seine Nähe versetzte mich immer in erotische Erregung.

Meine Brustwarzen wurden ganz steif, und ich bekam eine Gänsehaut, als er sich mir jetzt näherte.

„Du siehst, daß ich keinen Stunk mache", sagte er, „ich komme hierher, zu dir, ein anderer liegt in deinem Bett, und ich sage nichts. Du bist gehässig zu mir, ich sage nichts. Ich verstehe dich nicht. Gewiß, ich weiß, daß ich mich manchmal benehme, als hätte ich Grütze im Kopf. Warum hilfst du mir dann nicht, warum sprichst du nicht ruhig und vernünftig mit mir darüber und belehrst mich? Ich bin jetzt bald dreißig Jahre alt und kann doch nicht den Rest meines Lebens so blöd durch die Gegend laufen. Ich muß das ändern. Warum hilfst du mir nicht dabei?" Seine Stimme war weich und ein wenig heiser. Ich fühlte mich wie das, was die Katze aus dem Garten ins Haus hereingebracht hat.

„Ich kann nicht", sagte ich.

„Aber du bist doch älter und erfahrener als ich", fuhr er eindringlich fort, als ob einige Jährchen mehr oder weniger so viel ausmachen könnten. Ich vermochte mich nicht dazu aufzuraffen, ihm zu erklären, daß meiner Meinung nach das Leben uns so behandelt, als gäbe es uns einige Pastellstifte und Papier in die Hände und überließe es uns dann, unsere eigenen Bilder, mehr oder weniger farbenfroh, selbst zu malen.

„Ich bin so wie die Mutter Erde", frotzelte ich, „und es ist meine Erfahrung, daß die Natur alle leeren Räume dazu geschaffen hat, damit sie gefüllt werden sollen."

„Geh jetzt zu dem rein", sagte er, „der klaut dir sonst vielleicht deine Moneten. Dann haben wir keine Kohlen, um nachher zum Essen zu gehen."

Das, so fand ich, war bezeichnend für Gassamas Art und Weise, seine Besorgnis für mein Wohlergehen auszudrücken.

9

Das Dorf an der finnischen Grenze durften wir den darauffolgenden Sommer nicht mehr besuchen. Marit war verzweifelt. Den ganzen Winter hindurch hatte sie sich schon darauf gefreut, wieder dorthin zu kommen. Sie schickte Vilmar Ansichtskarten, und um zu vermeiden, daß dessen Verlobte etwas merken sollte, schickte sie auch den anderen Jungen im Dorf Kartengrüße am laufenden Band. Einige dieser Knaben antworteten mit langen Briefen, und wir machten uns einen Spaß daraus, die orthographischen Fehler mit dem Rotstift zu unterstreichen. Etwa fünfzig Rechtschreibfehler pro Seite war normaler Durchschnitt. Diese Jungen hatten zwar samt und sonders eine ausgezeichnete Stiftführung, aber mit dem Schreiben haperte es. Vilmar schrieb natürlich keine langen Briefe, sondern schickte nur ab und zu mal einen kurzen Kartengruß. Es waren diese Grüße Vilmars, die Marit den Sommer sehnsüchtig erwarten ließen, und höchstwahrscheinlich waren sie auch die Ursache dafür, daß sie sich kaum mit irgendeinem anderen Mann in der Zwischenzeit eingelassen hatte.

Aber, wie gesagt, wir durften dorthin nicht mehr. Im vorigen Sommer hatten wir gemault, dort oben in der Einöde unsere Ferien verbringen zu müssen. Wir wären lieber hier geblieben, an unserem eigenen Strand an der Ostsee, wo es im Sommer so schön spannend war. Nun war es genau umgekehrt. Wir maulten fürchterlich, weil wir dieses Mal den Sommer hier verbringen sollten anstatt in dem Dorf mit all den Kerlen. Unsere Unzufriedenheit ließ in uns den Entschluß reifen, uns hier mit allen zu Gebote stehenden Mitteln Spannung zu verschaffen. Die Gelegenheit dazu ergab sich auch sehr bald. Wir lagen am Strand in der Sonne und hörten das Signalhorn eines einlaufenden Schiffes tuten. Wir setzten uns auf und schauten zu, wie das Schiff auf der Reede vor Anker ging. Das war für uns, die wir in dieser Hafenstadt aufwuchsen, ein alltäglicher Anblick: ein mittelgroßer, grau angestrichener Frachter mit weißem Schornstein, die darauf sich geschäftig hin und her bewegenden Figuren, die man der Entfernung wegen nur verschwommen sehen konnte, die Laute, die der Wind von dort ab und zu herübertrug, das war für uns alles nichts Neues. Neu für uns war unser plötzlich erwachtes Interesse für die Männer, die auf diesen Schiffen arbeiteten. Täglich hatten wir in den Straßen unserer Stadt die Seeleute herumschlendern sehen, ohne ihnen jemals Beachtung zu schenken. Nur die schlechtesten Mädchen ließen sich mit Seeleuten ein, das hatte man uns zu Haus eingebleut. „Sprecht niemals mit Seemännern", das war Mutters Refrain zu allen Ermahnungen, die sie uns mit auf den Weg gab, wenn wir in die Stadt oder an den Strand gehen wollten. Wir hatten uns auch bisher niemals getraut, Mutters Anweisung in den Wind zu schlagen. Sobald nämlich ein Mädchen gesehen wurde, das mit einem Fahrensmann sprach oder gar mit ihm spazierenging, waren, wie in Kleinstädten üblich, die Klatschmäuler auch schon am Werk. „Jetzt hat die auch angefangen, sich mit Seeleuten abzugeben", hieß es, und schon wurde sie als „gefallenes" Mädchen angesehen. Die wildesten Geschichten erzählte man sich dann, und je saftiger die waren, desto besser. Es ist, wie ja bekannt, allerorts der schönste Zeitvertreib des Spießbürgers, andere durch den Dreck zu ziehen. Wir, die wir in dieser Atmosphäre aufwuchsen, gingen schon als kleine Kinder am Strand entlang, zählten die an Land gespülten Kondome zusammen und machten so unsere Bemerkungen darüber. Je mehr Schiffe vor Anker lagen, desto mehr angespülte Kondome fanden wir. Wozu die benutzt worden waren, wußten wir natürlich genau, und so war es auch für uns ein klarer Fall, daß die Mädchen, die auf die Schiffe gingen, recht und schlecht Huren waren. So sprach man in der Stadt darüber, und wir glaubten es. Damals.

„Wir paddeln mal zu dem Frachter 'rüber", schlug Marit vor.

„Wenn Mutter aber zufällig nach Haus kommt und uns dort draußen bei dem Schiff sieht? Die wird verrückt", versuchte ich einzuwenden.

„Ach was, die kommt doch jetzt noch nicht nach Haus", winkte Marit ab.

„Sollen wir uns erst anziehen?"

„Wieso denn das?" fragte sie und grinste frech.

Nur mit Badeanzug bekleidet, schoben wir unsere Paddelboote ins Wasser hinaus und stachen in See, in Richtung auf den Frachter zu.

„Das paßt ja prima, daß die alle auf Deck sind", rief Marit mir zu, als wir näher herangekommen waren und die vielen Männer dort ausmachen konnten. Marit lachte, daß ihre weißen Zähne in der Sonne blitzten.

Schon bald darauf begrüßten uns die ersten Zurufe. Wir paddelten dicht an das Schiff heran und konnten jetzt die grinsenden Gesichter der über der Reling hängenden Kerle da oben sehen.

Alle Gesichter, in die wir von unten schauten, schienen vor Begierde zu leuchten. Marit flirtete, was das Zeug hielt, und ich machte tapfer mit, obgleich mir dabei nicht so recht wohl war.

„Hier können wir nicht den ganzen Tag herumhängen und nur quatschen", entschied Marit schließlich und paddelte zum Land zurück. Ich folgte ihr, und hinter uns pfiffen und johlten die Seebären.

Als wir an den Strand zurückgekommen waren, fragte Marit: „Hat dir einer von denen gefallen?" Das hörte sich an, als hätten wir uns nicht Männer, sondern Kleider angeschaut.

„Ich weiß nicht, es waren ja so viele. Ich habe sie mir gar nicht alle genau angucken können."

„Du, da läuft ein neues Schiff ein", sagte Marit. Weit draußen auf See sahen wir Rauch über dem Horizont aufkommen, „vielleicht sind da ein paar fesche Jungen an Bord."

Am Abend schlug Marit vor, daß wir einen Spaziergang machen sollten.

„Wohin wollt ihr denn jetzt noch?" fragte Mutter, mißtrauisch wie immer.

„Ein bißchen spazierengehen", beruhigte Marit sie.

„Geht mir nur nicht zum Hafen hinunter, ihr seht ja, wie viele Schiffe da liegen."

Wir gingen und nahmen den Weg durch den Wald, der zur Straße hinaufführte. Als wir am Fotogeschäft vorbeikamen, in dem wir uns neulich hatten Bilder machen lassen, sah ich mich selbst dort eingerahmt unter Glas im Schaufenster hängen. Eine Vergrößerung des von mir aufgenommenen Porträts hatte der Fotograf für würdig befunden, als Reklame in sein Schaufenster zu hängen. Marit sah etwas pikiert aus. Das war ihr zum erstenmal passiert, daß jemand meiner Wenigkeit mehr Aufmerksamkeit gewidmet hatte als ihr. Ich schaute mir das Foto noch mal genau an und fand, daß ich eigentlich sehr gut aussähe. Vielleicht, so träumte ich, würde ich noch entdeckt werden, jetzt, da mein Bild weithin sichtbar in diesem Schaufenster hing. Plötzlich stieß Marit mich an. „Welchen von den beiden willst du haben?" fragte sie mich. Zwei junge Männer, beide groß und blond, kamen uns entgegen. Der rechts gefiel mir weniger.

„Den zur Linken", sagte ich daher.

„Denkste", antwortete Marit in ihrer unverschämten Art und Weise, „der gehört mir." Damit hatte sie sich an mir gerächt, daß nicht ihr Bild, sondern meins ins Schaufenster gekommen war. Ich seufzte nur einmal kurz und ergab mich dann in mein Schicksal. Mit Marit zu streiten, hätte sowieso keinen Zweck gehabt.

Der zur linken Hand war mager und hatte zwar ein junges, aber bereits verdorben aussehendes Gesicht. Mit frechen Augen musterte er uns amüsiert, als er vor uns, genauer gesagt, vor Marit, stehenblieb.

„Na, ihr zwei Schönen, wohin denn so eilig?" fragte er und begutachtete mit Kennerblick Marits Figur. Mich beachtete er überhaupt nicht mehr.

„Was heißt hier eilig?" fragte Marit und schaute ihn einladend an, „ist ja nichts los in diesem Kaff, wir gehn nach Hause."

„Und wo wohnen die Damen?"

„Beim Wald da hinten." Marit machte eine Geste in die angegebene Richtung.

„Na, dann gehn wir doch alle gleich in den Wald, was?"

„Warum nicht", sagte Marit lässig.

„Ich heiße Reinhold", stellte er sich vor, „dies hier ist mein Kumpel Putte."

So trabten wir los. Marit und Reinhold gingen vor uns. Putte und ich trotteten wie zwei Esel hinterher. Dieser Putte war eine Niete. Der hatte bis jetzt noch kein Wort gesagt, nur blöde gegrinst. Er hüllte sich auch weiterhin in Schweigen, als wir am Waldrand angekommen waren und uns dort hingesetzt hatten. Es dauerte nicht lange, und Reinhold begann Marit abzuknutschen. Die beiden wurden wie wild, während Putte, diese Nulpe, noch nicht einmal versuchte, meine Hand zu halten oder auch nur ein Gespräch anzufangen. Ich versuchte, mit meinem Knie Tuchfühlung bei ihm aufzunehmen, aber er hüstelte nur verlegen und rutschte ein bißchen weiter weg. Jetzt reichte es mir.

„Ich gehe nach Hause", sagte ich laut und stand auf. Weder Reinhold noch Marit, die jetzt in Clinch gegangen waren, hörten mich. Ärgerlich ging ich davon, und der schüchterne Schweiger, Putte, begleitete mich noch bis zu unserem Haus. Höflich war er ja immerhin, das mußte ich ihm lassen. Sprechen konnte er auch, denn er sagte „gute Nacht", ehe ich ins Haus ging. Ich legte mich ins Bett, aber bei dem Gedanken daran, was Reinhold und Marit jetzt für Sachen im Walde trieben, wurde ich kribbelig und konnte nicht einschlafen.

Aus einem Versteck holte ich ein Buch mit dem Titel „Alraune" hervor. Dieses Buch hatte ich auf dem Dachboden gefunden. Höchstwahrscheinlich hatte mein Vater es sich in seiner Jugend einmal angeschafft. Es schilderte die Erlebnisse der Titelperson Alraune, die ein heißes Stück gewesen sein muß. Mit wachsender Begeisterung las ich von den Liebesfesten, die das Buch in allen Einzelheiten beschrieb.

„Seid ihr zu Hause?" hörte ich plötzlich Mutter rufen.

„Ja!" rief ich zurück und log, um Marit zu decken. In aller Hast versteckte ich „Alraune", falls Mutter heraufkommen sollte. Zum Glück kam sie nicht.

Im Morgengrauen weckte mich ein leiser Pfiff. Marit stand unter unserem Fenster und bedeutete mir, sie hereinzulassen. Es schien mir eine Ewigkeit zu dauern, bis ich, an allen gefährlich knarrenden Stellen der Treppe vorbei, zur Haustür geschlichen war und Marit einließ. Dann huschten wir gemeinsam die Treppe hinauf und in unser Zimmer hinein. Sie hatte große blaue Knutschflecken am Hals, auf den Schultern und auf den Brüsten. Ich glaubte natürlich, daß sie sich hatte lieben lassen. Das hatte sie nicht, wie sie mir flüsternd erzählte. Als es im Wald zu kühl geworden war, hatten sie ein geparktes Auto gesucht und gefunden. Das hatte er ohne große Schwierigkeiten geöffnet. Auf dem Hintersitz hatten sie den Rest der Nacht, sich gegenseitig knutschend, verbracht.

Reinholds Schiff lief noch am selben Tag aus, sollte jedoch in einem Monat wieder zurück sein. Eine ganze Woche lang ging Marit mit einem Schal um den Hals gewickelt umher.

Nach einem Monat war er wieder da. Dieses Mal nahm Marit ihn mit zu uns ins Haus. Er hatte ihr eine Armbanduhr mitgebracht und gab sie ihr, wie man ein Verlobungsgeschenk überreicht. Er hatte vom Kapitän eine Woche Landurlaub erbeten, der ihm bewilligt worden war.

Marit zog mit ihm in unser gemeinsames Zimmer ein, und ich mußte in der Kammer logieren.

Er konnte sie nicht eine Minute in Ruhe lassen. Sobald er glaubte, daß ihn niemand beobachtete, zog er sie an sich, streichelte ihre Brüste und Schenkel, faßte sie hier an und dort an. Ich fragte mich, wie ich wohl nachts schlafen sollte, mit den Geräuschen, die von ihrem Bett aus durch die dünne Wand zu mir in die Kammer dringen würden. Vorsichtshalber nahm ich „Alraune" mit zu mir ins Bett.

Die erste Nacht, die er mit ihr verbrachte, wurde überhaupt nicht so, wie ich es mir vorgestellt hatte. Kaum ein Laut drang aus ihrem Schlafzimmer zu mir herüber. Ich hörte, daß Marit einmal zur Toilette ging.

Ihr hatte die Nachtübung nur Schmerzen verursacht, obwohl sie seit dem letzten Sommer keine Unschuld mehr war. Vielleicht war es die Angst, daß das Bett laut knarren würde und Mutter die Tür öffnen

könnte, um nachzusehen, was los sei, die sie ver-
krampfte. Jedenfalls hatte es ihr keinen Spaß gemacht.

Außerdem war es ihm auch gleich gekommen, ehe
sie überhaupt richtig warm geworden war. Das wäre
noch entschuldbar gewesen, hätte er sie etwas liebevoll
behandelt. Das tat der Stoffel nicht.

Am nächsten Morgen waren die beiden nicht son-
derlich gut aufeinander zu sprechen. Sie war ver-
stimmt, weil er solch ein Stoffel gewesen war und ihr
außerdem nur weh getan hatte. Er war sauer, weil er
ihre Kratzbürstigkeit nicht vertrug. Es sah beinahe so
aus, als ob diese Liebe nicht von langer Dauer sein
würde.

Die Ankunft des Briefträgers rettete die Situation.
Er brachte Marit nämlich einen Brief von Vilmar. Wie
ein reichbeschenktes Kind kam sie freudestrahlend damit zurück ins Zimmer. Reinhold wollte den Brief
sehen, und als Marit ihm den nicht gab, riß er ihn ihr
aus der Hand, öffnete ihn und las die wenigen Zeilen.
Dann betrachtete er das Foto Vilmars, das im Brief
gewesen war. Er wurde sehr eifersüchtig und drohte
das Foto zu zerreißen.

„Gib mir das Bild!" fauchte Marit und sprang Reinhold an. „Zerreißt du es, gebe ich mich mit dir nie mehr
ab!"

„Hier hast du es", fauchte er zurück, „aber dann will
ich dich dafür haben." Er griff sie sich, und bald rollten
sie beide auf dem Fußboden umher, ohne zu bedenken,
daß unter ihnen im Zimmer sie möglicherweise jemand
hören könnte. Auf dem harten Fußboden schien es bei
Marit viel besser zu klappen als in der Nacht zuvor im

Bett. Von da an hörte das überhaupt nicht mehr auf. Ich schnappte fast über, weil ich sie überall und ununterbrochen herumlieben sah. Bald taten sie es auf dem Fußboden liegend, dann wieder sitzend und später im Bett, so daß es krachte und knarrte. Die beiden bemerkten mich überhaupt nicht.

Hier konnte von Liebesspiel schon nicht mehr die Rede sein. Sie gebärdeten sich wie Wildkatzen, und ich durfte selbst sehen, wie ich zurechtkam.

Das Komische an der ganzen Sache war, daß Reinhold dem Vilmar wie ein Ei dem anderen glich. Reinhold war blond und hatte blaue Augen. Vilmar war dunkel und hatte braune Augen. Das war der einzige Unterschied, wie ja auch Eier in der Farbe unterschiedlich sein können. Ansonsten hatten sie den gleichen Körperbau, das gleiche burschikose Benehmen, kurzum, beide waren sie Typen, von denen Frauen sich betören lassen.

Ich versuchte, meiner Erregtheit Herr zu werden, indem ich in Gedanken an ihm herummäkelte. Das half jedoch alles nichts. Ich versuchte mir vorzustellen, er sei unsauber, habe ungeputzte Zähne, Mundgeruch, Körpergeruch und was sonst noch an einem Mann bemängelt werden kann, wenn er seine Hygiene vernachlässigt. Im nächsten Augenblick zitterte ich bereits wieder vor Verlangen nach ihm und hätte mich ihm hingegeben, selbst wenn er nach altem Mief gerochen und nach Hafenwasser geschmeckt hätte.

10

Ich war beinahe krank vor Begierde nach einem Mann. Ich wollte meine Unschuld endlich loswerden, und da es, des möglichen Skandals wegen, kein Ortsansässiger sein durfte, suchte ich nach Fremden. Ich merkte bald, daß mich Zirkusmenschen und Seeleute besonders anzogen. Höchstwahrscheinlich deshalb, weil diese meistens die einzigen Fremden in unserer kleinen Stadt waren. Einmal schaute ich einem alten Schwertschlucker in einem Wanderzirkus zu und hätte, ohne mich zu zieren, sein Schwert geschluckt, wenn ich nur Gelegenheit gehabt hätte. Wo immer ich in dieser Zeit war, was immer ich tat, mich beseelte nur der eine Gedanke: „Ein Königreich für einen Mann." Ich träumte davon, wie es wäre, unter einem harten Männerkörper zu liegen, und ich dachte mir alle möglichen Kniffe aus, wie ich mich ihm am besten entgegenstemmen könnte, um ihn so tief wie möglich hineinzubekommen. Etwas hatte ich ja immerhin von Marits und Reinholds Vorstellungen gelernt.

Ich gehorchte jetzt meiner Mutter ebensowenig, wie Marit es tat. Aber auch von Marit ließ ich mir nicht länger auf der Nase herumtanzen. Ich ging meine eigenen Wege. An milden Herbstabenden paddelte ich hinaus zu den vor Anker liegenden Schiffen und führte mit den an der Reling lehnenden Männern lange Unterhaltungen. Es war ja dunkel, wir konnten einander kaum sehen. Auf diese Art und Weise lernte ich die letzten Reste meines noch vorhandenen Schamgefühls zu verlieren. Die Männer warfen mir oft Schokolade und Zigaretten zu, und dann fühlte ich mich, als sei ich die so oft besungene Matrosenbraut, nach der sich die gesamte Besatzung sehnt. Ich verabredete mich aber niemals mit einem dieser Männer, denn ich konnte ja in der Dunkelheit nicht erkennen, ob mir der jeweilige Spender als Mann zusagen würde.

Mein eigentliches Jagdrevier war eine Hafenkneipe, eine übel berüchtigte Kaschemme. Im Schutze der Dunkelheit schlich ich mich klopfenden Herzens durch die schlecht beleuchteten Gassen dorthin. Sobald ich in das Lokal hineingekommen war, fühlte ich mich vor etwaiger Entdeckung sicher. In dieser Spelunke verkehrte keiner der Bürger unserer Stadt, und sowohl der Wirt als auch die Seemänner, dessen war ich gewiß, würden nie auf den Gedanken kommen, mich zu verpfeifen.

Eines Abends saß ich dort wieder einmal, als drei Polen hereinkamen. Wie gewöhnlich interessierte ich mich für den schwarzhaarigen von ihnen. Das war ein gutgebauter Jüngling mit kantigem Gesicht und feurigen Augen. Wenn er lächelte, glänzten hinten in seinem Munde ein paar Goldzähne. Polen, so hatte ich von irgend jemandem gehört, haben eine Schwäche für Goldzähne. Vielleicht hatte dieser sich die nur zur Zierde einsetzen lassen. Jedenfalls war er ein lustiger Bursche, wie ich gleich feststellen konnte, denn ohne viel Federlesens setzten er und seine beiden Kameraden sich zu mir an den Tisch, und er fing an, mir haarsträubende Witze zu erzählen. Die anderen beiden sagten nicht soviel, sahen aber auch sehr nett aus. Der Dunkle jedoch war geradezu bezaubernd. Wie hypnotisiert widmete ich ihm meine ganze Aufmerksamkeit. Der konnte spinnen – Münchhausen war der reinste Waisenknabe dagegen.

Ich hatte ihm wohl eine geschlagene Stunde zugehört, ohne den Blick von ihm zu wenden, als es geschah. Eine Sekunde lang schweifte mein Blick von ihm ab, wendete sich einem seiner Freunde zu, verweilte dort und wurde erwidert. Jetzt erst entdeckte ich, welch schöne Augen der hatte, welch hübsches Gesicht. Unser Münchhausen redete ununterbrochen weiter, aber ich hörte ihm überhaupt nicht mehr zu. Ich starrte nur immer dieses Gesicht an, ließ mich von diesen Augen betören. Er lächelte mich an, kein Gramm Gold in seinem Munde, sondern schöne, weiße, ebenmäßige Zähne. Ich fühlte, wie kalte Schauer über meinen Rücken liefen, und bekam eine Gänsehaut. Meine Höschen wurden noch nasser, als sie es schon waren. Ich hatte das Gefühl, als säße ich in einer Lache, die mit erschreckender Geschwindigkeit zu einem See anschwoll. Wir verständigten uns mit den Augen, und als ich mich vom Tisch erhob, um mich zu verabschieden, erbot er sich, mich nach Hause zu begleiten. Vor der Tür angekommen, nahm er meine Hand in die seine, und so gingen wir eine Weile schweigend nebeneinander her.

„Wo wohnst du?" fragte er schließlich.

„Oben, beim Wald", antwortete ich mit bibbernden Lippen.

„Ist dir kalt?" fragte er und legte seinen Arm um meine Schulter. So kamen wir beim Wald an.

Wir blieben stehen, und er nahm mich in seine Arme. Zärtlich und lang küßte er mich. Dann noch einmal, wilder, nochmals und nochmals.

„Du kannst mit zu mir reinkommen", sagte ich, als ich wieder Luft bekam, „ich hab' heute nacht eine sturmfreie Bude." Würde er mitkommen? Vor Aufregung hätte ich beinahe einen fahren lassen.

Wir gingen ins Haus, die Treppe hinauf zu meinem Zimmer, und fünf Minuten später lagen wir zusammen im Bett. Ich schien in seinen schönen Augen ertrinken zu müssen und erwiderte seine Liebkosungen leidenschaftlich.

Dann geschah das, was ich mir so lange erträumt und gewünscht hatte. Wir vereinten uns in Liebe, und weil er so zärtlich und vorsichtig war, wurde dieses erste Erlebnis mit einem Mann zur schönsten Erinnerung meines Lebens. Eine Erinnerung, von der ich heute noch zehre, wenn ich an ihn, Katjek, zurückdenke. Dieses nebenbei gesagt.

Sein Schiff, die „Wislow", lief am nächsten Morgen aus. Er hatte mir jedoch versichert, daß sie in spätestens drei Wochen wieder hier einlaufen würden. Es begann für mich die Zeit des ungeduldigen Wartens. Katjek schrieb mir Briefe, und das war immerhin ein Trost. Gleichzeitig gaben sie mir die Gewißheit, daß er mich ebenso liebte wie ich ihn.

Jeden Morgen, sobald ich erwachte, schaute ich durchs Fenster auf das Meer hinaus. Als sich das Ende der drei Wochen näherte, verbrachte ich jede freie Minute unten am Strand und beobachtete die einlaufenden Schiffe, immer in der Hoffnung, es möge die „Wislow" sein. Marit nahm mich gewaltig auf den Arm und war überaus neugierig, diesen „Wunderknaben", wie sie ihn nannte und von dem ich ihr so viel vorgeschwärmt hatte, endlich kennenzulernen. Davor hatte ich Angst. Ich hatte eine höllische Angst davor, daß sie versuchen würde, ihn mir auszuspannen. Sollte sie es tun, ich würde ihr die Augen auskratzen. Das war mein fester Entschluß, und ich ließ sie es auch wissen. Sie lachte zwar darüber, aber ich merkte doch, daß sie mich ernst nahm.

Eines Tages, es war gegen die Mittagszeit, sah ich, am Strand stehend und auf das Meer hinausblickend, die „Wislow" einlaufen. Lange Zeit stand ich unbeweglich da und schaute zu, wie sie Anker warf, wie das Fallreep heruntergelassen wurde und jemand vom Zollkreuzer aus an Bord kletterte. Dann sprang ich, innerlich vor Freude jauchzend, so schnell meine Beine mich trugen zum Haus zurück, um Marit an meinem Glück teilhaben zu lassen. Zum erstenmal erschien sie mir mein Glück neidlos zu gönnen, sie machte den Freudentanz, den ich mit ihr aufführte, ohne Widerstreben und lachend mit.

Ich wußte, daß die Mannschaft nicht vor dem Abend an Land durfte, und da ich glaubte, so lange absolut nicht warten zu können, paddelte ich zur „Wislow" hinaus. Es war ziemlich kalt auf dem Wasser, und meine Hände waren steifgefroren, als ich dort ankam. Nachdem ich eine Zeitlang „ahoi" und „hoho" gerufen hatte, schaute jemand über die Reling zu mir herunter. Es war „Münchhausen". Er lachte über das ganze Gesicht, als er mich sah, winkte und verschwand dann. Einen Augenblick später stand Katjek da oben und rief, winkte und lachte und gebärdete sich so ausgelassen, daß ich ebenso wild mit den Armen in der Luft herumfuchtelte und dabei beinahe mit meinem Paddelboot gekentert wäre.

Er machte mir ein Zeichen und verschwand. Da ich glaubte, er müsse an seine Arbeit zurück, wendete ich mein Boot, um an Land zu paddeln. Ich war glücklich, daß ich ihn wenigstens schon jetzt hatte sehen können und daß ich heute abend in seinen Armen liegen würde.

Ein Ruf ließ mich nochmals hinaufblicken. Da stand Katjek, und neben ihm der Kapitän. „Kommen Sie man ruhig an Bord, Fräulein!" rief der Kapitän.

Ich paddelte zum Fallreep hinüber, an dem Katjek bereits herunterkletterte. Er machte mein Boot dort fest, und zusammen kletterten wir an Bord. Katjek nahm mich, dort angekommen, zunächst einmal fest in seine Arme und küßte mich. Darauf führte er mich zu seinem Kapitän, der mir die Hand so schüttelte, daß ich glaubte, sie fiele mir ab.

Ich durfte mit Katjek unter Deck gehen, und in der Messe wurde mir zu Ehren ein kleiner Imbiß serviert. Da saß ich zwischen dem Kapitän und meinem Katjek und war restlos glücklich. Später stellte Katjek mich seinen anderen Kameraden in der Mannschaftsmesse vor. Er schien sehr stolz auf mich zu sein.

Wir tranken Kaffee, und ich versuchte, ihre eigentümliche Sprache zu verstehen. Es ging ganz gut mit der Verständigung, da jeder ein paar Brocken der deutschen oder englischen Sprache beherrschte. Anfangs waren alle, der Sprachschwierigkeiten wegen, etwas schüchtern. Nach und nach aber gab sich das. Man überhäufte mich mit kleinen Geschenken, und Katjek hatte für den heutigen Abend frei bekommen.

Während Katjek sich fein machte, half man mir, über das Fallreep in mein Paddelboot hinunterzuklettern. Nachher traf ich Katjek auf der Straße, die vom Hafen in die Stadt hinaufführte. Wir benahmen uns wie zwei verlegene Kinder. Ohne miteinander zu reden, gingen wir Seite an Seite auf der Straße entlang, die zum Wald hinaufführte. Aus irgendeinem unbestimmbaren Grund schienen wir im Tageslicht Scheu voreinander zu empfinden. Erst in der Dunkelheit schien diese Scheu von uns zu weichen. Vielleicht geht das allen Verliebten so.

Im Wald roch es nach feuchter Erde. Nach einer Weile blieb er stehen, nahm mich in seine Arme und fragte mit ernstem Gesicht: „Was hast du getan während ich weg war?"

Ich war sprachlos und schaute ihn verständnislos an.

Er faßte mich bei den Schultern und schüttelte mich, wobei er am ganzen Leibe zu zittern anfing und die Eifersucht ihm aus den Augen leuchtete. „Was hast du getan?" Seine Stimme überschlug sich, er war ganz blaß geworden, und einen Augenblick hatte ich richtige Angst vor ihm. „Ich liebe dich, für mich gibt es doch nur dich", sagte ich schließlich.

Jetzt endlich war das Eis gebrochen. Alles war wieder, wie es sein sollte. Wir beeilten uns, auf mein Zimmer zu kommen. Dort angelangt, rissen wir uns förmlich die Kleider vom Leibe und konnten nicht schnell genug ins Bett kommen. Nichts, keine Feuersbrunst, kein Erdbeben, keine Naturkatastrophe anderer Art, nicht einmal meine Mutter, wenn sie jetzt hereingekommen wäre und zu keifen begonnen hätte, wäre in der Lage gewesen, unsere in Liebe vereinten Körper in diesem Augenblick voneinander zu trennen. So schön war es. Erschöpft, aber glücklich saßen wir später und hielten Händchen.

Er blieb nur zwei Tage. Mir blieb die Erinnerung. Was ging mich die Umwelt an. Für mich gab es nur ihn, er war meine Welt. Es war für mich so etwas wie eine innere Genugtuung, den Entschluß zu fassen, auf ihn zu warten, mich mit keinem anderen einzulassen, bis er wieder da war, meine Kraftprobe zu bestehen. „Arm am Beutel, krank am Herzen", zitierte ich für mich selbst, „aber eisern wie eine Jungfrau mit Keuschheitsgürtel." So lag ich auf meinem Bett, meine eigene Vortrefflichkeit bewundernd, als Mutters aufgeregte Stimme, von der Küche heraufkommend, zu mir ins Zimmer drang. „Natürlich ist das wahr", hörte ich sie voller selbstzufriedener Entrüstung, die Klatschbasen eigen ist, sagen, „Gudrun hat es mir doch selbst erzählt, und die hat es aus sicherer Quelle, von dem Zöllner, der bei ihr im Haus wohnt. Der weiß doch so was genau. Vor ein paar Tagen haben die Zöllner ein vollkommen besoffenes Mädchen, das auf einem der Schiffe gewesen war, nach Hause tragen müssen. Die war so blau, daß sie nicht mehr selbst gehen konnte. Ein blutjunges Ding. Was sind denn das für Eltern, die so etwas zulassen?"

Ich hörte das alles nur mit halbem Ohr. Als Mutter mich rief und mir auftrug, Brot holen zu gehen, tat ich es widerstrebend. Aus Faulheit ging ich nicht zu der Bäckerei, in der Mutter Brot zu kaufen pflegte, sondern zu der, die in unserer Nähe lag. Dort bediente mich die krummbeinige, männlich wirkende Gudrun. Ihr falscher Blick und ihr dummes Grinsen auf dem roten Schnapstrinkergesicht waren mir schon immer widerlich gewesen. Es war noch ein anderes Mädchen dort beschäftigt, und beide grinsten, als ich den Laden betrat.

„Ist ihr Geburtstag heute", kicherte Gudrun, „wir haben unser Geschenk unter dem Ladentisch versteckt, weil wir ja nicht wußten, wer uns hier hereinschneien würde. Komm, dir werde ich es zeigen." Wie ein von einer Schlange hypnotisierter Vogel stand ich vor ihr und starrte sie an. Die wollte mir etwas am Zeug flicken, das wußte ich. Gleichzeitig wußte ich auch, daß ich dabei der Verlierer sein würde. Ich wartete ängstlich, was nun käme. „Du weißt ja, ihr Verlobter ist eingezogen", sagte Gudrun mit schmierigem Lächeln, „da hab' ich mir gedacht, daß sie das hier als Ersatz gebrauchen würde." Sie holte das Geschenk unter dem Ladentisch hervor und zeigte es mir. Mir war, als hätte mir einer mit dem nassen Scheuertuch eins hinter die Löffel gegeben. Vor mir, auf dem Ladentisch, lag die aus Papier und einem Kondom verfertigte Attrappe eines Riesengliedes.

„Der Mensch kann ja nicht von Brot allein leben, nicht?" lachte Gudrun. Da ich nicht mitlachte, wurde Gudrun bissig. „Hab' dich man nicht so. Ich hab' dich ja mehr als einmal mit Matrosen gesehen, mir kannst du doch nichts vormachen . . ." Ich lief rot an im Gesicht, aber nicht aus Scham, sondern aus Wut darüber, daß sie es wagte, mit ihrem schmutzigen Maul meine Liebe, die Liebe zu Katjek, zu begeifern. Mir wurde vor dieser Person übel, und ich rannte aus dem Laden. Hinter mir hörte ich ihr rohes Lachen. „Wie war dir zumute, als sie dich nach Hause trugen?" schrie sie hinter mir her.

Wie betäubt ging ich auf die Straße hinaus. Ich wollte nichts mehr sehen, nichts mehr hören.

Von nun an paddelte ich zu den vor Anker liegenden Schiffen hinaus, um zu vergessen. In jedem der Seemänner sah ich meinen Geliebten, der nicht bei mir war. Ich war nicht darauf aus, geliebt zu werden. Ich ging an Bord der verschiedenen Schiffe, saß mit den Matrosen herum und besoff mich. Dabei blieb es natürlich nicht aus, daß sie mich, wenn ich besoffen war, liebten. Die gesamte Handelsflotte, die unseren kleinen Hafen anlief, kannte mich bald. Von den Kerlen, die die Schiffe bemannten, waren nur die blödesten oder schüchternsten noch nicht bei mir gewesen. So funktioniert das, wenn ein Mädchen einmal die Liebe gekostet hat. Ich war, das wußte ich, das billigste Mädchen unserer Stadt. Mich konnten sie ohne große Vorreden vernaschen, nur weil mein Katjek mich so geil gemacht und dann allein gelassen hatte. Die kleinsten Geschenke, die sie mir gaben, hätten sie behalten können.

Ich tat's ja nicht für Geld, auch nicht für Schnaps, ich tat's aus Verzweiflung. Im Geiste liebte ja Katjek immer mit. So jedenfalls stellte ich mir das vor. Das war natürlich vollkommener Blödsinn. Liebe aber macht bekanntlich blind, und aufgedämmte Geilheit macht, wie es mein Beispiel beweist, selbst junge Mädchen zu Männerschluckern.

Jedenfalls fühlte ich mich jung, einsam, verlassen und der Verzweiflung nahe. Katjek, der mich erotisch geweckt hatte, hatte gleichzeitig in mir eine Brunst geweckt, von deren Vorhandensein weder er noch ich vorher eine Ahnung gehabt hatten.

Ich hatte einen Zorn im Bauch, der einen Fettwanst hätte füllen können. Jetzt ging ich auf Jagd. Den dicken Zöllner, der diese Gerüchte über mich verbreitet hatte, die schließlich dazu führten, daß ich jetzt das tat, was damals noch gar nicht wahr gewesen war, den wollte ich aufs Kreuz legen.

Ich begann, diesen Kerl zu verfolgen. Ich sah zu, daß wir uns dauernd über den Weg liefen. Jedesmal wenn ich ihn traf, lächelte ich ihn aufreizend an. Sobald er sich mir jedoch zu nähern versuchte, zeigte ich ihm die kalte Schulter. Nichts macht einen Mann so verrückt, als wenn man ihn ermuntert und dann, wenn er glaubt, er sei am Ziel, alles zukneift, ihn wie Abfall behandelt. So verfuhr ich mit diesem Lustmolch. Seine braunen Augen glänzten jedesmal hoffnungsvoll, wenn er mir begegnete. Seine Knollennase erinnerte mich an eine komisch gewachsene Kartoffel. Sein Mund sah aus, als habe er soeben eine Zitrone gegessen. Wenn ich mir den so anschaute, dachte ich mit den Worten des berühmten Dichters, dessen Name mir nicht mehr geläufig ist: „Ich seh's an deiner Stirne, wenn ich so mit dir schwof', du hast 'ne weiche Birne und bist ein bißchen doof."

Wie ich vorausgesehen hatte, machte ihn meine Behandlung reif wie eine Fallfrucht. Er fiel für mich wie ein Apfel, der nicht weit vom Stamm fällt. Der wollte es wissen, um jeden Preis. Seinen Beamtenprinzipien zum Trotz, ungeachtet der Folgen, die es mit sich führen könnte, ein so junges Mädchen wie mich, mit einem so schlechten Ruf wie dem meinen, einzuladen, lud er mich dennoch ein.

„Wieso willst du mich denn so gerne treffen", fragte ich ihn, meines Sieges sicher, „willst du mir eine Moralpredigt halten oder mich nach verbotenen Waren durchsuchen? Das hättest du doch bereits tun können, als du mich, wie du überall erzählt hast, besoffen nach Hause tragen mußtest." Ich war giftig wie eine Kreuzotter, als ich ihm das in sein knollennasiges Gesicht sagte.

„Hör mal, ich habe von dir überhaupt nichts erzählt", sagte er feige, „das hat einer meiner Kollegen gesagt." Seine Lügerei kotzte mich an, dieser ganze schleimige Kerl kotzte mich an. Das änderte aber nichts an meinem Entschluß, ihn mundtot zu machen. Um ihn mundtot zu machen, mußte ich ihn dazu bringen, mit mir ins Bett zu gehen. Das war für mich ein klarer Fall. Bisher hatte ich mich kategorisch geweigert, mit auf seine Bude zu gehen. Jetzt aber, wenn ich ihn endlich dahin gebracht hätte, wo ich ihn hinhaben wollte, mußte es geschehen.

Seine Kulleraugen wurden rund wie Murmeln, als ich mich endlich damit einverstanden erklärte, ihm zu Gefallen zu sein. So ging ich mit ihm auf seine Bude. Er hatte nicht einmal den Mut dazu, mich direkt aufzufordern, daß ich mich entkleiden solle. Statt dessen schlug er vor, daß wir eine Partie Poker spielen sollten. Einsätze waren unsere diversen Kleidungsstücke. Mein Vater hatte mir schon als ich noch ein kleines Kind war, das Pokerspielen beigebracht, weil er Mutters wegen niemals in die Kneipe gehen durfte, um dort Poker mit Männern zu spielen. Ich war also ein ganz gefuchster Pokerspieler, was zur Folge hatte, daß dieser Kerl bereits nach einigen Runden nackend und blöde in die Gegend guckend dasaß. Mir hatte der noch nicht einmal die Schuhe von den Füßen spielen können. Diese Art von Poker um Kleidungsstücke, wobei also Geld keine Rolle spielt, empfehle ich allen, die zuviel Geld und zuwenig Spannung in ihrem Leben haben. Man stelle sich vor: eine Dame, der man bereits alle Kleidungsstücke vom Körper gespielt hat, außer dem Büstenhalter und den süßen Spitzenhöschen. Man bietet: „Meine Unterhosen, meine Gnädigste, gegen Ihren Büstenhalter." Sie setzt dagegen. Büstenhalter und Spitzenhöschen gegen Unterhosen und Unterhemd. Gemacht. Man legt die Karten auf den Tisch. Die Schöne hat ein Paar Buben in der Hand, der Knabe hat drei Asse und ein Paar. Bums, er hat gewonnen. Die Dame entkleidet sich nun ihres Büstenhalters und ihres Spitzenhöschens und sitzt da, wie der liebe Gott sie geschaffen hat. Sie ist Verlierer. Da sich aber der Knabe daraufhin sofort freiwillig seiner Unterhose und des Unterhemdes entledigt, ist sie der Verlierer, der gewinnt. Das alles hört sich kompliziert an, aber Spiel ist Spiel, und besonders das Pokerspiel. Jedenfalls, und wie gesagt, saß der fette Zöllner plötzlich vor mir da wie Adam im Paradies.

Da er mich mit seiner Nacktheit ebensowenig reizen konnte wie mit seiner Uniform, fragte ich ihn: „Hast du Doppelschlüssel?" Wobei ich mit dem Schlüsselbund spielte, das ich ihm unter anderem abgewonnen hatte. „Ja", sagte er und sah ganz verdattert aus.

„Dann behalte ich dieses Schlüsselbund. Ich komme zu dir, irgendeine Nacht in der nächsten Woche. Ich komme als Überraschung zu dir, ist das nicht 'ne Wucht?"

Er lächelte beherrscht. Am liebsten hätte ich ihm die ausgetrunkene Flasche auf die Birne geknallt. Der blöde Kerl hatte geglaubt, ich sei ein kleines Mädchen, das er verführen könnte. Eine kleine Pißnelke, die vor dem guten Onkel vom Zoll und seiner Uniform vor Ehrfurcht auf den Rücken fallen würde.

„Es ist besser, du schläfst, wenn ich das nächste Mal zu dir komme", sagte ich, als ich hinausging, „sonst versuchst du nur wieder, mich besoffen zu machen und dann mit mir Poker zu spielen. Was dann passiert, hast du ja heute gesehen. Ich spiele dir die Hosen vom Arsch, und nischt passiert." Er lachte geniert, und ich ging nach Hause.

Komischerweise machte es mich erregt zu wissen, daß ich mit seinen Wohnungsschlüsseln in der Tasche herumlief und er auf mich wartete. Mir war klar, daß das mit den Schlüsseln ihm nur im Suff passiert war.

Ein guter Beamter sieht zu, daß ihm niemals kompromittierende Gegenstände außer Haus geraten, oder wie das nun in der Amtssprache heißt. Diesen schwitzenden, übelriechenden Kerl konnte ich also jetzt, mit seinen Wohnungsschlüsseln in meiner Tasche, wann immer es mir beliebte, lieben. Ein erhebender Gedanke. Mädchen, Mädchen über alles, über alles auf der Welt. So, schwebte es mir vor, dachten die Männer. Wie wir Frauen darüber denken, das versuchen die Männer ausfindig zu machen. Vergeblich? Ich weiß es nicht.

Meiner Meinung nach gibt es zu viele Männer, die genau wissen, daß Frauen ebenso scharf hinter Männern her sein können wie umgekehrt. Jedenfalls wollte ich diesem Knilch zeigen, was eine Harke ist.

Ich paßte eine Nacht ab, als es draußen stürmte und die Geräusche des Windes meine Schritte die Treppe hinunter vor Mutter verbargen. Gegen drei Uhr morgens kam ich, nur mit meinem Nachthemd bekleidet und das Schlüsselbund in der Hand, vor der Tür des Hüters der Grenze an.

Ich sprang die Treppen zu seiner Wohnung hinauf, öffnete mit seinem Schlüssel und ging hinein. Der lag und schlief, grunzend wie ein alter Eber. Ich weckte ihn unsanft. Er richtete sich im Bett auf und schaute mich an wie ein Gespenst. Dann ging ihm ein Licht auf, und er grinste erwartungsvoll. Mich schauderte bei dem Gedanken daran, daß dieser idiotisch grinsende, halbgeöffnete Mund mich jetzt mit Küssen belästigen würde. Aber Rache ist süß, und der sollte mich haben, damit ich ihm seine Lästerschnauze stopfen konnte.

„Du darfst, wenn du willst", sagte ich und entledigte mich meines Nachthemdes. Dabei mußte ich an den Witz mit dem Eunuchen denken, zu dem die Haremsdame, die Schönste der Schönen, gleichermaßen sprach, und der Eunuch antwortete: „Zwar darf ich jetzt, wenn ich will, und ich will auch, leider aber kann ich nicht, und darum nützt es mir auch nichts, daß ich darf, selbst wenn ich will, weil ich nicht kann."

Kurz und klein, der hier konnte, wenn auch nicht viel. Zwar stöhnte er wie ein jugendlicher Liebhaber und war auch ebenso eifrig, aber mit dem Können haperte es.

„Mach doch mal ein bißchen was", sagte ich spöttisch und wälzte mich über ihn, „vielleicht geht es besser so." Ich merkte, daß es ihm gleich kommen würde, und darum sagte ich zu ihm: „Du hör mal, ich will mindestens zweimal kommen, halte mal noch 'n bißchen die Luft an." Dann fing ich an zu schreien, damit auch seine Nachbarn etwas davon hätten und auch, um ihn noch geiler zu machen. Daraufhin kam es ihm.

„Du Idiot", sagte ich kalt und kletterte aus seinem Bett, „verstehst du nicht, was man zu dir sagt? Ich wollte zweimal kommen, und jetzt bist du gekommen, und ich hab' überhaupt noch nichts gemerkt. Hier hast du deine Schlüssel." Ich warf die Schlüssel auf das Bett und zog mir mein Nachthemd wieder an, während er mir, blöde grinsend, zuschaute. Dann verließ ich ihn. Der würde kein schlechtes Wort mehr über mich sprechen, weil er es jetzt nicht mehr sagen konnte. Siegesbewußt ging ich nach Hause.

11

Hier erwachte ich also mit einem blonden Knaben im Bett. Von dem hatte ich überhaupt nichts gewußt, bis jetzt, da ich erwachte, mich im Bett umsah und ihn, neben mir liegend, entdeckte.

Knabe hin, Knabe her. An und für sich störte er mich nicht, aber er war überhaupt nicht mein Typ. Ich konnte mich noch schwach daran erinnern, daß ich von ihm nicht einmal geliebt werden wollte, ehe ich einschlief. Er war jetzt auch erwacht. „Ich glaubte, daß du mich verführen würdest", sagte dieser alberne Knilch. Ich lachte. Es gibt doch wirklich einfältige Kerle, die da glauben, daß jede Frau zu haben ist, weil sie will. Jede Frau, die will, ist zu haben, aber nicht für jeden, der will. Das hört sich nicht logisch an, und darum kann jede Frau das sofort verstehen.

Der eigentliche Grund, warum ich diesen Waldheini zu mir nach Hause geschleppt hatte, war der, daß ich Akin mit Hilfe dieses germanisch aussehenden Jünglings vergessen wollte. Solcherart Liebeleien hatten nämlich für mich den Vorteil, daß ich eine Zeitlang ganz abwesend war und somit also vergessen konnte. Leider funkte das nicht immer so, wie ich es mir wünschte, und mit diesem hier schien überhaupt nichts zu funken. Dazu noch diese blöde Bemerkung.

„Verführ dich selbst, du Armleuchter", sagte ich deshalb wütend. Ich hörte mich an, als sei ich die Vorsitzende des Vereins zur Erhaltung der Jungfernschaft unbescholtener Mädchen. Deshalb schaute auch mein Germane blöde aus der Wäsche, so erstaunt war er ob meines plötzlichen Gesinnungswechsels.

„Gassama", jubelte ich innerlich, als das Telefon klingelte. Es war ja immerhin seine normale Telefonzeit, zwischen sechs und sieben Uhr am Morgen. Es war aber gar nicht Gassama, es war Akad. Seine weiche Stimme schmeichelte meinen Gehörnerven: „Hörst du, wer hier spricht?"

„Akad."

„Ich bin in einem Nachtklub, bist du allein?"

„Nein, ein blonder Germane liegt hier bei mir."

„Wann haut der ab?"

Ich stieß den Germanen an, so daß er vollends erwachte, und bedeutete ihm, abzuhauen.

„Um acht Uhr", säuselte ich in das Telefon.

„Gut, dann komme ich etwas nach acht", sagte Akad und hängte ein.

Akad hatte ganz schön einen sitzen. Ich mußte grinsen, als er zur Tür hereingetorkelt kam. Während er sich auszog, verschlang ich ihn mit meinen Blicken. Dieser phantastisch schöne und gutgebaute Nordafrikaner war sogar im Suff eine anziehende Persönlichkeit. Ich hatte mir vorgestellt, daß er sofort einschlafen würde, so blau, wie er war. Weit gefehlt. Kaum waren wir im Bett, fing er an, sich mit mir zu beschäftigen. Ich wußte nicht, was mir lieber gewesen wäre.

Es ist komisch, aber manche Männer brauchen einen nur zu berühren, und schon stellt sich die unerhörte Erregung ein, die man nur fühlen, aber nicht mit Worten beschreiben kann. Akad war ein solcher Mann. Der konnte mich verrückt machen, obwohl ich in ihn nicht verliebt war. Keiner konnte mich so scharf machen wie er. Lange, lange hielt er sich beim Vorspiel auf.

Das ging immer so weit, bis ich mich nicht mehr beherrschen konnte, mit beiden Händen seine Arschbacken packte und versuchte, ihn an mich zu drücken. Er entging dem mit der Geschmeidigkeit eines Aales, dabei ständig flüsternd:

,,Warte, warte noch." Dann fabrizierte er auch noch schnalzende Laute mit seiner Zunge in meinem Ohr, und das machte mich so geil, daß mir beinahe einer abging.

Inzwischen verlangte mein ganzes Ich nach ihm, und endlich, endlich, mit einem Schnalzen seiner Zunge kam er.

So machte der mich fertig, ehe er überhaupt richtig angefangen hatte, und darum war ich auch so verrückt auf ihn. Schließlich geriet ich so in Ekstase, daß ich alles vergaß.

,,Du bist schön", stöhnte ich nachher noch, ,,du bist wunderbar." Er war es auch, in jeder Beziehung. Zu schön für einen Mann. Manchmal überlegte ich, ob er vielleicht nicht sogar bisexuell war. Deshalb fragte ich ihn: ,,Sag mal, bist du auch an Männern interessiert?"

,,Ach was", sagte er, schläfrig geworden, ,,nicht wir im Rif, nicht wir Kabylen, wir sind ein Kriegervolk.

Wir mögen das nicht – schon des Geruchs wegen nicht." Damit schlief er ein.

Dann schlief auch ich ein und erwachte erst am nächsten Vormittag.

Akad ist einer der wenigen Menschen, deren Gegenwart mich nicht belästigt. An ihm fand ich nichts auszusetzen, und darum störte es mich auch nicht, wenn er hinterher noch bei mir in der Wohnung blieb. Im Gegenteil, ich fand, daß es mir direkt guttat, ihn dort in seiner männlichen Schönheit auf dem Bett liegen zu sehen, während ich mich ankleidete.

Ich wollte gerade zum Einkaufen gehen, als es an der Wohnungstür läutete. Normalerweise öffnete ich nicht, wenn jemand unangemeldet zu mir kam. Es hätte ja mal Gassama sein können, der eifersüchtige Bulle. An dem Tag aber, da Akad noch bei mir war, öffnete ich also gegen meine Gewohnheit. Draußen stand Abdellah und lächelte mich mit allen seinen zweiunddreißig weißen Zähnen an. Es sah aus, als wollte er mich anknabbern. Den hatte ich beinahe ganz vergessen.

Als ich Abdellah vor mir stehen sah, mußte ich daran denken, wie er vor längerer Zeit einmal ebenso unverhofft gekommen war. Kaum hatte ich ihm damals geöffnet und ihn in die Wohnung gelassen, hatte er mir, ohne ein Wort zu sagen, die Kleider vom Leibe gerissen und mich zu lieben begonnen. Er liebte mich auf dem Fußboden, auf dem Küchentisch, sitzend, stehend, von hinten, kniend – alles in allem sechsmal hintereinander. Schließlich hatten wir auf dem Linoleumfußboden in der Küche gelegen, und ich hatte

120

protestiert, weil es mir da zu kalt war. Da erst hatte er gesprochen. „Bett", hatte er nur kurz und bündig gesagt. All das kam mir in den Sinn, als Abdellah jetzt wieder unangemeldet vor mir stand, und da die Vorsicht die Mutter der Porzellankiste ist, sagte ich zu ihm: „Da schläft einer in meinem Bett."

„Prima", antwortete er nur und dann gingen wir zusammen zum Einkaufen. Wir waren beide hungrig, und als wieder zu Hause waren, machte ich uns ein Essen zurecht.

Während wir aßen, unterhielten wir uns über alles mögliche. „Mein Bruder war noch ein kleiner Knirps, als ich von zu Haus abfuhr. Jetzt ist er schon bald ein erwachsener Mann", erzählte Abdellah, und man merkte, daß er Heimweh hatte.

„Ist es wahr, daß alle Araber stehlen?" fragte ich ihn, teils um ihn abzulenken, teils weil es mir unglaubhaft erschien, daß ein ganzes Volk nur aus Dieben bestehen sollte.

„Ich stehle nicht", beteuerte er, wobei er eine Hand auf sein Herz legte, „ich war noch nie im Gefängnis. Was würde mein Vater sagen, wenn ich im Gefängnis landete. Es würde ihn töten. Darum stehle ich nicht. Ich will mit der Polizei nichts zu tun haben."

„Na, Jungchen", sagte ich, „du hast mir aber doch schon so allerlei Scheinchen geklaut."

„Nun ja", gab er zu, „aber es war doch nie mehr als ein Zehner."

So kann man es auch sehen, dachte ich amüsiert, der hier ist immerhin noch ehrlich, im Vergleich zu Libanon. Der klaut also nicht. Nur einen Zehner nimmt er sich jedesmal mit. Er hat die Sache mit dem Zehnten Teil falsch verstanden. Den Zehnten Teil von einem Schein nimm dir, und dann ist er dein, oder so ähnlich. Das sind Typen, diese Araber, vom Zehner aufwärts wird's Diebstahl.

„Mensch", sagte ich laut und schüttelte den Kopf, „du hast 'ne Ahnung, was Ehrlichkeit ist."

„Komm!" rief Akad plötzlich vom Schlafzimmer her.

„Wie fühlst du dich?" fragte ich.

„Hundsmiserabel."

„Willst du auch etwas zu essen haben?"

„Wer ist denn dort bei dir?"

„Ein Freund. Komm und sag guten Tag", sagte ich, und er kam mit mir in das Wohnzimmer.

„Abdellah!" rief Akad. „Akad!" rief Abdellah.

Jetzt reichte es mir aber. War mein Wohnzimmer etwa ein Wartesaal im Hauptbahnhof? War das hier vielleicht ein arabisches Kaffeehaus?

Obwohl die beiden sehen mußten, wie wütend ich war, quatschten sie sich erst einmal seelenruhig miteinander aus. Beim Abschied küßte Abdellah mich sogar noch wie ein großer Bruder auf die Wange. Sobald er die Türe von draußen zugemacht hatte, zog Akad mich ins Schlafzimmer und warf mich aufs Bett. „Dich liebe ich jetzt", sagte er mit entschlossener Stimme, „daß du den heute abend gar nicht mehr sehen willst." Gewiß, ich hatte zu Abdellah beim Abschied gesagt: „Bis auf später." Das war aber nur so eine Redensart gewesen.

„Du bist doch niemals eifersüchtig, hast du mir mal gesagt", spottete ich.

„In diesem Falle doch", antwortete er wütend. Ich hatte noch nie so richtig darüber nachgedacht, daß er einem Kriegervolk entstammte. Jetzt aber konnte man es sehen. Seine Haltung war gestrafft, stolz, und seine Kiefer mahlten. Seine Augen blitzten mich ärgerlich an, und er sah herrlich aus, wie er da nackend mit seinem muskulösen Körper vor mir stand. Ich war aus meinen Kleidern wie ein geölter Blitz und krallte mich an ihm fest. Er brauchte mich nur zu küssen, mit seiner Zunge meine Lippen zu lecken, sie in meinen Mund zu bohren, schon war ich ihm vollkommen hörig. Dann ging bei mir der Verstand auf Ferien, und dann bettelte ich darum, daß er mich lieben sollte. Jetzt, später, immerzu, noch einmal und immer wieder.

Ich starrte ihn an und war gleichzeitig etwas beunruhigt. Der schöne Akad, der sonst immer alles so herrlich leicht genommen hatte, kam mir mit einemmal sehr verändert vor.

Das war ja ein ganz harter Bursche. Seine Zähne glänzten weiß, und ich bemerkte jetzt zum erstenmal, daß seine Eckzähne lang und spitz waren. Wie hatte ich den jemals als schönen, aber ungefährlichen Jüngling einschätzen können.

„Keiner ist so wunderbar wie du", sagte ich und pfiff darauf, daß ich mich wie eine blöde Gans anhörte. Ich meinte das im Augenblick wirklich.

„Du bist auch wunderbar", antwortete er, „du hast ein tolles Temperament. Ich hatte mal eine Dänin, aber die ist nach Hause gefahren. In Deutschland hatte ich auch mal eine. Beide waren gut. Du aber, du bist die Beste."

„Gassama hat mich niemals so lieben können wie du", quasselte ich weiter, ohne überhaupt noch recht zu verstehen, was ich sagte, und ohne mich noch darum zu kümmern, daß ich mich diesem Knaben hier eigentlich auf Gnade und Ungnade auslieferte. Ich machte ihm die wildesten Komplimente. Ich sagte ihm, daß er alles mit mir machen dürfe, was er wolle, daß ich alles tun würde, was er von mir verlange. Alle die anderen Männer, die ich vor ihm gehabt hatte, machte ich ihm gegenüber schlecht. Ich log und log und log, denn ich war wie von Sinnen. Ich schwamm auf Wogen ekstatischer Lust, und das Spannungsfeld zwischen unseren beiden Körpern schien uns für immer magnetisch zusammenschweißen zu wollen.

„Es ist viel schöner, dich zu lieben als junge Mädchen", sagte er, „obwohl ich, wie du weißt, jeden Tag ein anderes Mädchen habe, liebe ich dich am liebsten. Wie alt bist du eigentlich? Ach, Quatsch, das spielt ja auch gar keine Rolle. Selbst wenn du sechzig wärest, würde ich dich haben wollen. Dein Temperament macht mich nämlich verrückt. Nein, nein, warte. Nachher werde ich dich so lieben, daß du deinen eigenen Namen nicht mehr weißt. Und dann sollst du sagen, Akad will ich haben, nur immer Akad, er ist der beste von allen."

Wir arbeiteten uns immer mehr in Ekstase, und mein Herz schlug wie ein Dampfhammer, als ich in vollen Zügen genoß, was mir geboten wurde.

Mir war es nun so oft gekommen, daß ich vor Schwäche einer Ohnmacht nahe war. Ungeachtet dessen folgte ich jeder seiner Bewegungen. Als seine

Hände dann meinen zitternden Körper liebkosend streichelten, durchflutete mich neue Energie. Wir schwitzten jetzt wie in einer Sauna, und unsere Herzen schlugen hart und wild. Sein Gesicht war wie eine Tanzmaske verzerrt und dennoch schön für mich anzuschauen.

Ich hatte nicht einmal mehr die Kraft zu sprechen. Er sagte irgend etwas, aber ich verstand seine Worte nicht.

Er schüttelte mich wach. „Bist du wirklich so müde, oder machst du mir nur etwas vor?" fragte er, und dieses Mal verstand ich seine Frage und hörte es auch seiner Stimme an, daß er stolz darauf war, mich so geliebt zu haben.

„Du bist phantastisch", murmelte ich matt und lächelte ihn dankbar an, „ich glaube, es gibt keinen anderen Mann auf der Welt, der so lieben kann wie du."

Ich wollte ihm noch viel, viel mehr sagen, aber dazu war ich jetzt zu müde. Eines wußte ich, er konnte mich lieben wie kein anderer Mann, und dafür war ich ihm dankbar.

„Ich begreife nicht, warum es ausgerechnet mit dir so himmlisch schön ist", sagte er und seufzte zufrieden.

„Mist", sagte ich.

„Warum sagst du das?" fragte er, „bist du nicht zufriedengestellt?"

„Gewiß bin ich zufriedengestellt worden, mehr als genug sogar. Gewiß bin ich zufrieden mit dir, aber ich kann nicht begreifen, warum. Darum sage ich Mist, Mist, Mist, Mist!"

Jetzt begriff er überhaupt nichts mehr, und auch ich verstand nur noch Bahnhof.

„Es war schön, sehr schön", sagte ich darum abschließend, wobei mir endgültig die Augen zufielen, „schön, sehr, sehr schön . . ."

Dann war ich eingeschlafen.

12

Wie ein König ein Gefolge um sich versammelt, hatten jetzt auch Marit und ich je ein ansehnliches Gefolge von Knaben, Jünglingen und Männern, die uns den Hof machten. Manchmal verliebte ich mich in einen dieser Männer, und dann tat es eine ganze Zeitlang weh, den wieder aus meinem System herauszubekommen. Das, so wußte ich, mußte ich mir abgewöhnen. Schließlich kann man nicht jeden lieben.

Marit hatte von Anfang an die gleiche Einstellung gehabt. Hat man sich einmal vorgenommen, alles zu erreichen, dann darf man sich nicht verlieben. Wenn man sich nämlich verliebt, heiratet man möglicherweise. Eine verheiratete Frau, die fremdgeht, wird von der Gesellschaft als liederlich empfunden, selbst wenn der, den sie einmal geliebt und deshalb geheiratet hat, sich später als ein Stoffel und eine erotische Niete erweist. Selbst wenn er fremdgeht, darf sie es nicht tun. „Bei einem Mann ist das etwas ganz anderes", sagt die Gesellschaft, die ja von Männern beherrscht wird, bis jetzt jedenfalls immer noch, „eine verheiratete Frau, die fremdgeht, ist nicht zu entschuldigen." So streng sind noch immer die Bräuche. Nach außen hin. Hinter den Kulissen sieht es natürlich ganz anders aus. Ich glaube, daß man nur in gewissen primitiven Gesellschaftsformen und in zwei der skandinavischen Länder die sexuellen Tabus teils niemals eingeführt, teils abgeschafft hat.

Wie dem auch immer sei, Marits Wahlspruch war: „Tu nie deinem Knilche das, von dem er glaubt, es sei was." Diesem Wahlspruch schloß ich mich aus vollem Herzen an.

Marit und ich hatten uns nun so oft lieben lassen, daß es langweilig wurde. Jetzt waren wir darauf aus, einmal vergewaltigt zu werden. Wir schlossen sogar eine Wette darauf ab, wer als erste vergewaltigt würde. Einen weißen Mann dazu zu kriegen, ist schwer. Mohammedaner dagegen kann man mit einem einzigen, unvorsichtigen Blick zur Vergewaltigung aufstacheln. Deshalb gingen Marit und ich in den übelsten Gegenden der Stadt umher, freche Blicke auf alle Knilche werfend, die uns orientalisch anmuteten. Marit und ich hatten eine Abmachung getroffen. Heute ging sie aus und machte einen Versuch, morgen ich. Das heißt, jede von uns versuchte, noch vor der anderen vergewaltigt zu werden.

Abwechselnd gingen wir einzeln in die Stadt, während die andere, sozusagen auf Alarmstufe I, zu Hause saß und abwartete, was da kommen würde.

Wir spielten dieses Spiel lange, Marit und ich. Die Typen, die uns dabei über den Weg liefen, würden ein Buch füllen, wollte man sie in allen Einzelheiten beschreiben. Dann aber passierte das mit dem Waldheini aus Jamaika. Der glaubte, daß alle Frauen in Europa sofort für ihn auf den Rücken fallen würden. Darum verkaufte er alles, was er in Kingston, Jamaika, besaß, und kaufte sich dafür eine Reise dritter Klasse nach Hamburg. Den hatte Marit sich geschnappt. Mir schien es damals, als habe sie gerade einen Riecher für eingebildete Knaben, die von Kingston, Jamaika, kamen. Sie nahm ihn nämlich sofort unter ihre Fittiche, und sie war für ihn die erste europäische Frau, die er jemals getroffen hatte. Weil er nun im guten Glauben daran, daß alle europäischen Frauen sofort für ihn aufs Kreuz fallen würden, sein Hab und Gut verkauft und sich für den Erlös nach Europa eingeschifft hatte, war es für ihn auch ein klarer Fall, daß die erste Frau, die er in Europa getroffen hatte, Marit, sich sofort mit ihm ins Bett legen würde. Dieser Knabe setzte es als selbstverständlich voraus und spreizte sich vor ihr wie ein Pfau.

Das brachte Marit auf die Palme, und außerdem schien der ihr hier die richtige Type zu sein, um unsere Wette zu gewinnen, nämlich als erste vergewaltigt zu werden.

„Du sagst das nur so, um anzugeben", sagte Marit deshalb gekonnt aufreizend, während sie sich von dem Jamaikamann zum Bett führen ließ.

Gemäß unseren Spielregeln beobachtete ich die beiden von meinem Versteck aus und konnte also alles genau sehen und hören, was da vor sich ging.

Ich sah ihn mir nochmals an. Er hatte ein hageres, beinahe ausgemergeltes Gesicht, mit großen, unruhig flackernden Augen. Mit dem kann Marit noch was erleben, dachte ich, der legt sie aufs Kreuz, ob sie will oder nicht. Darauf fress' ich einen Besen.

Er hatte Marit jetzt zu sich auf das Bett gezogen und

fummelte am Reißverschluß ihres Kleides herum. „Nein, laß das", sagte sie, als ob sie sich ziere, „du darfst mir nur das Höschen ausziehen."

Das tat er und zog sich dann selbst auch aus. Wie ein Pedant, oder wie einer, der zum erstenmal einen anständigen Anzug sein eigen nennen konnte, hängte er mit großer Sorgfalt die auf Bügelfalte gelegte Hose über die Stuhllehne und seine Jacke darüber.

Marit ließ sich mit gespreizten Beinen auf den Rücken fallen und zog ihn mit sich, so daß er auf ihr zu liegen kam. Sie tat, als könne sie es kaum noch erwarten. Er fing an, sich rhythmisch zu bewegen. Meine Erfahrung sagte mir, als ich dieses sah, daß er zu der Kategorie von Beischlafathleten gehörte, die alles so schnell wie möglich absolvieren, um baldmöglichst in den Genuß des Applauses zu kommen, den sie mit größter Selbstverständlichkeit erwarten. Da war er bei Marit an das falsche Publikum geraten.

Sie glitt unter ihm weg. „Das war überhaupt nichts", sagte sie so gelangweilt, als habe sie eben ein Fernsehprogramm mit einem von sich selbst sehr eingenommenen und daher so einschläfernd wirkenden Schmalztenor abgeschaltet. „Jetzt hab' ich keine Lust mehr, sie ist mir vergangen."

Der Jamaikaheini sah verdattert aus. Als ihm endlich klar wurde, was Marit damit gesagt haben wollte, wurde er aschgrau im Gesicht. Er spuckte ihr ins Gesicht. Wie eine gereizte Kobra – ob die spucken, ist bisher wissenschaftlich noch nicht erwiesen – spuckte sie zurück und zischte: „Wenn ich nicht will, dann will ich nicht!"

130

Er hob eine Hand und hätte ihr sicher eins in die Fresse gegeben, wenn nicht in diesem Augenblick das Telefon geläutet hätte. „Ehe du hier brutal wirst", sagte Marit, „laß mich lieber abnehmen. Ich habe mir so ungefähr denken können, was du für ein Typ bist, und habe deshalb meine Vorsichtsmaßnahmen getroffen. Wenn ich jetzt nicht antworte, rufen meine Freunde die Polizei an. Du hast doch wohl nicht geglaubt, daß ich blöd bin, was?" Damit nahm sie den Telefonhörer ab, und er bekam Schiß in die Hosen. „Hör, du", sagte er, unsicher geworden, „was hat das hier mit der Polizei zu tun, ich will dich doch nur lieben!"

Mir war es schleierhaft, wer zu dieser Stunde anrufen könnte. „Augenblick mal", antwortete Marit, „ich habe hier einen Knilch, der macht auf stark. Wenn ich in zehn Minuten nicht zurückrufe, dann wißt ihr, was los ist?" Der Jamaikaknabe hörte das alles mit, und höchstwahrscheinlich dünkte es ihn besser, angekleidet zu sein, wenn Marits Hilfstruppen erscheinen würden. So zog er sich seine Klamotten wieder an, während Marit mit dem Telefon beschäftigt war.

Als Marit den Hörer aufgelegt hatte, setzte sie sich neben den Jamaikaknaben auf das Sofa. Jetzt machte der ihr ein Spielchen vor, wie lieb und nett er sein konnte, wenn er wollte. Das war natürlich nur Affentheater, weil er Schiß hatte. Er küßte sie, fummelte mit seiner Hand an ihren Beinen herum, und obwohl er wußte, daß sie keine Höschen mehr anhatte, wagte er es nicht, ihr zwischen die Beine zu fassen. Er fummelte und fummelte, so daß sie schließlich die Beherrschung verlor. Sie ermunterte ihn wiederum. „Es ist so schön", stöhnte dieser Idiot.

„Ich habe überhaupt nichts gefühlt", antwortete Marit kalt.

Jetzt platzte ihm der Kragen. Das ging so schnell, daß man es mit dem bloßen Auge beinahe gar nicht verfolgen konnte. Er legte sie mit affenartiger Geschwindigkeit auf den Rücken. Marit hatte die Wette gewonnen. Höchstwahrscheinlich glaubte er, daß Marit jetzt zu heulen anfinge. Ach, der arme Weihnachtsmann, der kannte ja weder Marit noch mich. Der wußte ja überhaupt nicht um unsere Wette. Hätte er das getan, wäre er wie ein begossener Pudel abgehauen. Er wußte es nicht, und deshalb haute er auch nicht ab. Im Gegenteil, er tat es noch einmal. Höchstwahrscheinlich war das auch sein Limit, denn er versuchte es nicht wieder. Marit erhob sich ungerührt, „Armleuchter und Araber", sagte sie, „von denen habe ich genug." Dieser Quatsch, den sie da sagte, hätte den meisten Knilchen genügt, um zu verduften. Dieser verstand, was sie da sagte, auf seine Weise. Er wurde blaß und zitterte am ganzen Körper.

„Bin ich für dich ein Armleuchter oder ein Araber?" regte er sich auf und wurde so wütend, wie ich noch nie einen Mann hatte wütend werden sehen. Er bog ihr den Arm zurück. Er war rasend, das sah ich ihm an. Sie balgten sich. Marit tat es, weil sie wußte, daß ich aus meinem Versteck alles beobachtete. Sie wollte mir zeigen, wie man es anfing, vergewaltigt zu werden. Das tat sie auch sehr geschickt.

Er quatschte immer noch, als Marit plötzlich ganz

kühl sagte: „Ich muß mir meine Socken anziehen, mir sind die Füße kalt."

Der Jamaikaknilch ließ von ihr ab und schaute sie ungläubig an. Ich konnte ihn verstehen. Er machte den wilden Mann, und Marit, dieses ausgekochte Stück, sagte ganz ruhig, als ginge seine Drohung sie überhaupt nichts an: „Ich muß mir meine Socken anziehen, mir sind die Füße kalt." Das muß man sich mal bildlich vorstellen. Ein wild gewordener Knilch, der Augen ausstechen will, und ein wehrloses Mädchen, das sich die Socken anziehen möchte, weil ihm die Füße kalt sind.

Er war so sprachlos, daß er haßerfüllten Blickes ohne weiteres Gequassele verschwand. In der Tür schrie er noch irgendeine Drohung, deren Wortlaut ich nicht verstand.

So entschwand der Mann aus Jamaika genauso schnell, wie er gekommen war. Leider verschwand auch meine Schwester Marit einige Tage später, und ich habe sie seitdem nie wieder gesehen. Die Polizei sucht noch immer nach ihr und dem Knaben aus Kingston.

13

Gestern abend ging ich aus, und es glückte mir, mit flüchtigem Blick einen Rücken zu entdecken. Es war einer jener flüchtigen Blicke, der es irgendwo in mir klingeln läßt. Später saßen wir da und hielten Händchen. Seit langer Zeit hatte ich mich nicht mehr so jung und glücklich gefühlt, und das ohne jeden begreiflichen Anlaß. Zum Beispiel war es mir unmöglich, das Gesicht des großen Mannes anziehend zu finden, sosehr ich mich auch anstrengte. Ich, die entweder brutale Leutnants oder männliche Trauerweiden gerne mag, fragte mich: Zu welcher Kategorie gehört dieser hier? Ich warnte mich auch selbst: Du bist halb blind und läßt dich irreführen. Ich fühlte mich dennoch, als gehörte ich in die Epoche der Krinoline und Postkutsche. Wir tranken recht viel, um unsere Bekanntschaft zu feiern. Als ich mich Akins entsann, überlegte ich, ob ich nicht für ihn so ähnlich wie für diesen hier empfunden hatte. Die Erinnerung an ihn tat etwas weh, aber ich tröstete mich damit, daß es bald nicht mehr weh tun würde. Meine Neueroberung begleitete mich bis zur Haustür, und ich war ihm dankbar, daß er nicht mit zu mir nach oben kam. Mit einem Gefühl heiliger Reinheit schlief ich ein. Akin würde mir ein Abschiedsgeschenk schicken.

Wie gewöhnlich wurde ich von Gassama geweckt. Schläfrig und wie immer, wenn er morgens ankam, etwas angetrunken. Aber schön ist er, schön und unberechenbar mit seinem kindischen Gehabe, das mir so reizvoll erscheint, dachte ich. Ein fescher Kerl, vielleicht eine Spur zu flott.

„Die Polizei ist hinter mir her", lächelte er und zeigte seine weißen Zähne.

„Hast du wieder mal eine Schlägerei gehabt?" Irgendwie war es ein gutes Gefühl zu wissen, daß das Muster sich immer gleichblieb.

„Und ob, fünf Stück waren hinter mir her. Du solltest mich gesehen haben, wie ich gerannt bin. Ich muß wie ein Sprinter ausgesehen haben." Es war für mich nicht schwer, mir vorzustellen, wie der da, in all seiner auf Hochglanz gewichsten Schönheit, die Kurve kratzte.

„Mit wem hast du dich diesmal geschlagen?"

„Mit Polen". Er lachte sein weiches, anzügliches Lachen, das wie ein freundliches Kopfschütteln war. „Hast du schon mal einen Polen geliebt?"

„Ja, als ich jung war."

„Ach so, du fingst damals schon an. Kannst du nicht jetzt aufhören und dich wieder mit mir verheiraten? Wenn du dann nicht aufhörst, muß ich dich töten, das weißt du."

„Zweifellos ein sehr flottes Angebot."

Ein kaum verborgener Schmerz klang in meiner Stimme mit. Er entsprang der Einsicht, daß ich den Mann, den ich lieben mußte, denn in irgendeiner Weise würde ich Gassama ja immer lieben, nicht respektieren konnte. Von diesen beiden Voraussetzungen zwischen Mann und Frau war der Respekt jedoch das Wichtigste.

„Weshalb bist du nicht glücklich darüber, daß du mich hast, obwohl du dich so benimmst, als seist du es?"

„Ach, du aufgeblasener Windbeutel!" Ich war verärgert, aber trotz der Tatsache, daß aller Respekt bereits seit langer Zeit durch Verbitterung ersetzt worden war, bekam ich weiche Knie. Ich schaute ihn an, und Erinnerungen wurden wach. Es waren immerhin die besten, die ich von einer sonst schlechten Zeit hatte. Wir wurden beide von einer hoffnungslosen Wut aufeinander und einem hoffnungslosen Verlangen zueinander geplagt. Jetzt, da wir wieder die Nähe unserer Körper verspürten, würden wir den Kampf bald aufs neue miteinander aufnehmen. Spöttische Bemerkungen würden gemacht werden, und ohne die Taktik des anderen zu erwähnen, würden wir versuchen, einander ins Bett zu locken, aber in einer Form, die das eigene Prestige schützte.

„Warum hast du heute nacht alleine geschlafen? Haben sie dir den Laufpaß gegeben?" Sein Gelächter klang jetzt komisch und blechern. Die Absicht, mich aufs Glatteis zu locken, war deutlich. Eben noch hatten wir uns darüber gefreut, einander zu sehen. Jetzt verhielten wir uns jedoch so, daß man kaum glauben konnte, daß es sich um dieselben Menschen handelte.

„Darauf kannst du dich verlassen, daß sie es nicht getan haben. Aber wer hält dich denn jetzt aus? Versuch erst gar nicht, mir einzureden, daß du nicht von jemandem ausgehalten wirst. Du hast doch gar keine andere Wahl, als entweder jeder den Hof zu machen oder aber nichts zum Essen zu haben." Jetzt waren wir beide in die vom anderen gestellte Falle gegangen, und der Ton war roh.

„Und du nimmst mit jedem vorlieb. Du würdest Berufsdiebe und Gattenmörder nehmen, wenn du keine anderen Kerle fändest."

„Na und? Mir macht es Spaß, zu experimentieren."

Wir schrien uns an, aber das Verlangen nacheinander wurde immer stärker.

Er war es, der zuerst schwieg, zuerst lächelte. Jetzt lächelte ich zurück. Wir lächelten einander an, und dieses Lächeln war so beredt, daß es uns wie elektrische Stöße durch die Oberschenkel fuhr. Wortlos einander anstarrend, zogen wir uns aus. Dann berührten sich unsere Hände. Wir preßten unsere Hüften aneinander, rieben uns aneinander und schienen miteinander zu verschmelzen. Zwei Menschen: großzügig, einander vertrauend, unwiderstehlich.

Langsam, graziös und mit beherrschten Bewegungen liebte er mich, drückte seine Brust an die meine, klammerte sich an mich, als sei er ein Kater und ich ein Baumstamm, an dem er sich festklammerte. Es war, als offenbare diese äußere und innere Vereinigung der Körper unsere innersten Gefühle füreinander, die heiße, zärtliche, innige Gemeinschaft, die uns vereinte. In seligem Glücksrausch waren wir wieder zusammen.

„Bei Liebesszenen wirkst du auch sehr gerne mit, dich braucht man nicht erst zu überreden", murmelte ich, zufrieden an seiner Schulter lehnend.

138

„Weshalb kannst du dich dann nicht an mich halten?"

„Gewiß, mit dir will ich jeden Tag ins Bett gehen, und an Sonntagen zweimal. Für mich bist du mein allerallerbester Freund", scherzte ich mit klarer Stimme.

„Gut, dann bleiben wir heute den ganzen Tag im Bett. Hast du keinen Sekt im Haus?"

„Leider nicht, aber ich muß sowieso raus und einkaufen."

„Bekomme ich kein Geschenk?"

„Du bist wohl selbst gerade der Typ, der es mit Blumen sagt. Aber natürlich sollst du ein Geschenk haben. Ich will sowieso ein Abschiedsgeschenk für Kongo kaufen."

„Da siehst du's. Mit dem habe ich dir drei Monate vorausgesagt, und es hat nicht einmal so lange angehalten."

„Schlafe jetzt, du. Nachher komme ich und lege mich wieder zu dir." Ich küßte ihn auf die Nase und zog mich an.

Während ich im Warenhaus zwischen den verschiedenen Kölnischwasser-Marken meine Auswahl traf, erspähte ich eines der spannendsten und erfrischendsten Gesichter, das ich seit langem gesehen hatte. Der Träger dieses Gesichts betrachtete mich mit stetigem und gänzlich vorurteilsfreiem Blick.

Ach so, so einer bist du, dachte ich und erwiderte den Blick dieser schwarzen Augen, die an den Nachthimmel über einer Wüstenlandschaft erinnerten. Komm nur, du schöner, romantischer Wüstenscheich, dachte ich weiter und lockte ihn mit meinen aufmunternden Blicken zu mir. Ich unterbrach seine einleitenden Artigkeitsphrasen abrupt: „Sie sind Araber?"

„Ja", gab er zu und versuchte, sein Erstaunen zu verbergen, „ich bin aus Marokko."

„Arbeit haben Sie keine, nicht?"

„Wie bitte?" Er sah vollkommen verdattert aus.

„Brechen Sie sich nur keine Verzierung ab. Man weiß doch schließlich, daß jeder Araber, der sich hierzulande aufhält, entweder ein Homosexueller, ein Dieb oder, im besten Fall, ein Lügner ist."

„Ich bin erschüttert", sagte er und lächelte dabei entgegenkommend. Ich wußte, daß ich den jetzt so gut wie in der Tasche hatte. Solche Abreibungen, dachte ich, sind viel wirkungsvoller als freundliches Geplausche. Dieses kleine Spielchen hier würde ich mit Leichtigkeit gewinnen. Auch ihm schien das klar zu sein.

„Ich muß für zwei meiner Jungen Geschenke kaufen", sagte ich, „was meinen Sie, wäre es angebracht, den beiden dieselbe Marke Kölnischwasser zu geben?"

„Eine bezaubernde Idee." Als er lächelte, glich sein knöchernes Gesicht dem eines hungrigen Wolfes. Er sah wirklich aus wie eine Kreuzung aus allen edlen und weniger edlen Räubern, die in der Literatur so oft beschrieben worden sind.

„Mein Zug geht in zwei Stunden", erzählte er mir, „haben Sie etwas Zeit?"

„Sie können mir helfen, die Sektpullen, die ich gleich noch kaufen muß, nach Hause zu tragen. Zwar liegt bei mir ein Kerl im Bett und schläft, und manchmal ist er auch etwas gewalttätig, aber das macht Ihnen doch

sicher nichts aus, nicht?" Ich fühlte mich wie ein Ver-
brecher und daher glücklich romantisch. Der Marok-
kaner wich keinen Millimeter von meiner Seite. Mit
den Sektflaschen beladen, trottete er neben mir her.

„Ich darf Ihnen vielleicht erzählen, wer ich bin, damit Sie wissen, mit wem Sie es zu tun haben?" sagte er
amüsiert.

„Was hat das für einen Sinn", lachte ich ihm offen
ins Gesicht und war von seiner Ausdauer beeindruckt,
„ihr Araber schwindelt doch sowieso alle."

„So", antwortete er mit hochgezogenen Brauen und
lächelte etwas angestrengt, „soso. Mir glauben Sie also
nicht, aber von mir verlangen Sie, daß ich Ihnen trauen
soll."

„Ich habe Ihnen mit keinem Wort versprochen, daß
Sie einen Besuch in meiner Wohnung überleben werden", spottete ich.

„Das ist allerdings wahr", grinste er mich an und
folgte mir in die Wohnung.

„Ich habe einen guten Freund mitgebracht", rief ich
ins Schlafzimmer hinein, „steh auf, Gassama, komm
rein und trinke Sekt mit uns!"

„Ich heiße Dris", stellte der Araber sich vor, während er eine Flasche öffnete.

„Bring mir ein Glas ins Schlafzimmer", schrie Gassama mit vor Raserei sich überschlagender Stimme
vom Bett aus.

Ungerührt, freundlich lächelnd ging ich zu ihm hinein und reichte ihm ein Glas Sekt. Sein Gesicht war
jetzt wieder vor Zorn ganz entstellt. „Nachdem du von
mir bekommen hast, was du wolltest, behandelst du

mich auf diese Art und Weise? Hättest du nicht wenigstens warten können, bis ich gegangen bin, ehe du einen neuen Knilch heraufschleppst?"

„Nein", flüsterte ich aufgedreht, „ich liebe es nun mal, Katz und Maus zu spielen. Sei froh darüber, daß ich Selbstversorger bin, und eigentlich solltest du dafür ein Verdienstkreuz für mich beantragen . . ."

Ja, ihr lieben Knaben, so kann es kommen, dachte ich, als ich mich zu dem Araber zurück aufs Sofa im Wohnzimmer setzte. Absichtlich setzte ich mich so, daß alle unsere Bewegungen im Schlafzimmerspiegel für Gassama zu sehen waren. Das hier, frohlockte ich triumphierend, war eine Situation, die genossen sein wollte.

Ich streichelte Dris über die knochigen Wangen und sagte: „Eigentümlich an dir ist, daß dein Gesicht und deine Stimme überhaupt nicht miteinander harmonieren. Dein Gesicht ist spannend wie das Gesicht des Helden von einem Fortsetzungsroman in einer Illustrierten . . ."

„Danke für das Kompliment", sagte er und, Wunder über Wunder, wurde rot bis über beide Ohren.

„. . . deine Stimme dagegen hat nicht die gleiche Qualität. Zunächst meint man, wenn man sie zum erstenmal hört, daß sie weich sei. Das stimmt aber nicht. Sie ist verhalten, voller Leidenschaft, nicht wahr?"

Wie geistesabwesend fuhr ich fort, seine Wangen zu streicheln, ihn zu fühlen.

Akin und das kleine Liebesabenteuer von gestern waren in die Welt der Träume verwiesen, in der ich zwischen Schlaf und Liebe geschwebt hatte. Es würden noch viele derartige Liebeserlebnisse auf mich zukommen, das war mir klar. Die vorurteilsfreie Liebe aber, in der ich Gassama zugetan war, die würde mein Leben lang unveränderlich sein.

„Und das ist die Hauptsache", sagte ich zu mir selbst und lächelte zufrieden.